湘潭大学『扎根精神』思与行

XIANGTAN DAXUE
“ZHAGEN JINGSHEN”
SIYUXING

主　编◎肖志伟
执行主编◎杨　澜

纪念湘潭大学复校五十周年系列丛书

湘潭大学出版社
XIANGTAN UNIVERSITY PRESS

图书在版编目（CIP）数据

湘潭大学“扎根精神”思与行 / 肖志伟主编 ； 杨澜执行主编. -- 湘潭 : 湘潭大学出版社, 2024. 7.
ISBN 978-7-5687-1529-4

Ⅰ. G649.21

中国国家版本馆 CIP 数据核字第 202477TV81 号

湘潭大学“扎根精神”思与行

XIANGTAN DAXUE ZHAGEN JINGSHEN SI YU XING

肖志伟 主编
杨 澜 执行主编

责任编辑：张宝香
封面设计：李 平
出版发行：湘潭大学出版社
社　　址：湖南省湘潭大学工程训练大楼
电　　话：0731-58298960 0731-58298966（传真）
邮　　编：411105
网　　址：http://press.xtu.edu.cn/
印　　刷：长沙超峰印刷有限公司
经　　销：湖南省新华书店
开　　本：710 mm×1000mm 1/16
印　　张：14.25
字　　数：236 千字
版　　次：2024 年 7 月第 1 版
印　　次：2024 年 7 月第 1 次印刷
书　　号：ISBN 978-7-5687-1529-4
定　　价：88.00 元

《湘潭大学“扎根精神”思与行》编委会

纪念湘潭大学复校五十周年系列丛书——

我们的湘大，每一帧都精彩

“一位伟人，一纸校名，一句嘱托”，高度凝练并生动诠释了湘潭大学的创办历史。1958年，毛泽东主席亲自倡办、亲笔题写校名并亲切嘱托“一定要把湘潭大学办好”。1959年学校因故停办，1974年恢复建校。虽创业维艰，然历久弥坚。湘大人始终弘扬“牢记嘱托、艰苦创业、追求卓越”的湘大精神，潜心科学研究，精心教书育人。经过几代湘大人矢志不渝的奋斗，学校发生了翻天覆地的变化。特别是2018年习近平总书记对学校作出重要批示以来，学校全力推动“双一流”建设，取得了丰硕的成果成绩，2022年成功入选国家“双一流”建设高校。

教育是国之大计、党之大计。习近平总书记在党的二十大报告中，首次将“实施科教兴国战略，强化现代化建设人才支撑”作为一个单独部分阐述，充分体现了教育的基础性、战略性地位和作用。2024年，湘潭大学迎来了复校50周年华诞。复校以来，学校始终坚守为党育人、为国育才的初心使命，扎根伟人故里办中国特色社会主义大学，为国家建设和社会进步作出了重要贡献。回望过去，我们心潮澎湃；展望未来，我们激情满怀。在学校复校50周年之际，组织出版《湘潭大学“扎根精神”思与行》《湘大人口述》《回眸（二）——校友散文选集》《回眸（二）——校友诗歌选集》系列丛书，意义非凡，既为记录历史、启迪智慧，更为鼓舞信心、砥砺前行。

《湘潭大学“扎根精神”思与行》集纳了师生校友以及部分学者关于“扎根”的学习心得体会，回顾了一代代湘大人怀着“一定要把湘潭大学办好”的初心和科教兴国的满腔热情，扎根伟人故里，弘扬优良传统，努力把学校办得更好更有特色的心路历程。"根源不深，枝叶难茂。"繁花似锦，大树参天，唯有向下扎根，方能汲取源源不断的养分向着高处生长。回想复校初期，学校荒山一片、楼无一栋、房无一间。一声号召，来自清华大学、北京大学等92所高校、科研院所的622名教师奔赴湘大，宿农舍，点油灯，边劳动建校边教学科研，在贫瘠的荒山土坡上建起了一所高水平大学。2023年9月1日，习近平总书记给复校初期来校工作的老教师代表们回信，高度肯定了老一辈湘大人扎根三湘大地教书育人所作出的突出贡献。岁月流转，年轮不息。无论身处何地，我们都应时刻牢记唯有向下深深扎根，方能向上蓬勃生长。

《湘大人口述》是由湘潭大学校友、光明日报社驻湖南记者站原站长、高级记者唐湘岳老师带领湘大学子以口述史方式，记录的精彩湘大人故事。这是一本洋溢着激情的书、一本充满着热情的书、一本流淌着温情的书。书里的湘大人讲述了自己学习、生活、工作的点滴故事，既有不负少年的精彩激扬、人到中年的成熟理性、活出暮年的豁达洒脱，也有对自己成长的反思、同学好友的细腻情感、治学从教的深刻感悟。可以说，摆在我们面前的这本口述，道出了全体湘大人为什么如此热爱湘大，凝聚着满满的正能量，充盈着息息不止的奋斗精神。如果你对湘大还不那么了解，读读这本书中的故事，你就会明白湘大人为什么会对湘大爱得如此深沉。

《回眸（二）——校友散文选集》《回眸（二）——校友诗歌选集》辑选了校报2000年至2020年文艺副刊中部分校友发表的散文、诗歌。对每一位湘大校友而言，湘大是一片从来不缺少浪漫和梦想的原野。走进三道拱门的湘大学子，谁没有把最清洁、最蓬勃的青春挥洒在这片广袤的原野上？谁没有将拏云的少年心事托付给这片阔大的原野呢？捧读校友们的散文、诗歌，仿佛聆听一个个娓娓道来的青春故事，让我们再次回到了那紧张而火热的大学生活。一篇篇情感细腻的散文、一首首灵性唯美的诗歌，深深地凝聚着校友们对母校的深厚情怀与眷恋，对老师们的崇敬和感恩之心，以及同学之间亲密无间的友谊。无疑，这是一部诠释湘大精神的生动教材。

一代代湘大人，在最美好的年华来到这片纯粹而浪漫的原野，有的人留下来扎了根，有的人被命运抛向了梦想的远方，但无论身处何地，每一个湘大人都如三拱门后那郁郁葱葱的水杉树，生生不息，向阳生长。有人说，一所伟大的大学总是蕴含着一个个独特的感人故事，湘大亦是如此。我们由衷地期望这样的故事延绵不断、一代又一代地续写下去。

我们的湘大，每一帧都精彩！

湘潭大学　党委书记　刘起军
校　　长　潘碧灵

目　录

第一辑　探索篇

湘潭大学“扎根精神”理论与实践探索研讨会专辑

第二辑　演讲篇

“弘扬扎根精神，凝聚湘大力量”教职工演讲比赛专辑

第三辑　思辨篇

教育家精神“思享会”及学校重大活动发言专辑

第四辑　践行篇

湘潭大学“扎根精神”实践探索专辑

第一辑 探索篇

湘潭大学“扎根精神”理论与实践探索研讨会专辑

大木百寻，根积深也；根深厚重，行稳致远。扎根是坚守，是敬业，是奋发，是奉献，既脚踏实地，又仰望星空；扎根学校，扎根讲台，扎根学生，献了青春献白发，诚心致力践初心。

把握“扎根” 的深刻内涵 做党和人民满意教师

刘起军

新时代十年，习近平总书记在考察、调研、座谈等重要场合，以及在讲话报告、指示批示、回信贺信等重要文献中，多次强调教师要扎根中国大地、扎根中西部和边疆地区、扎根基层、扎根科研一线，做中华民族“梦之队”的“筑梦人”。特别是2018年9月6日，习近平总书记在给湘潭大学的重要批示中，提出要扎根伟人故里，坚持立德树人，把学校办得更好、更有特色。这些重要论述和批示，为教师坚定理想信念，更好落实立德树人根本任务指明了前进方向、提供了根本遵循。广大教师要全面、准确把握习近平总书记关于“扎根”重要论述的深刻内涵，自觉做党和人民满意的教师。

“扎根”，就是要忠诚于党，忠诚于人民，忠诚于党和人民的教育事业。

扎根源自忠诚。诗人艾青说：“为什么我的眼里常含泪水，因为我对这土地爱得深沉。”扎根，首先要忠诚，忠诚于党，忠诚于人民，忠诚于党和人民的教育事业。忠诚源于对党的教育方针和教师职责使命的深切认同。古今中外，每个国家都是按照自己的政治要求来培养接班人的，世界一流大学都是在服务自己国家发展中成长起来的。习近平总书记旗帜鲜明地提出“好老师应该做中国特色社会主义共同理想和中华民族伟大复兴中国梦的积极传播者”。教师要肩负起“为党育人、为国育才”的职责使命，教育、引导青年学生把个人理想追求融入党和国家事业之中，听党话、感党恩、跟党走，扎根祖国和人民最需要的地方建功立业。忠诚源于对我国独特历史、独特文化、独特国情的深刻把握。要扎根中国大地办教育，立足中国实际发展教育，不跟在别人后面依样画葫芦，简单以国外大学作为标准和模式；要把扎根中国和融通中外相结合，努力建设“中国特色、世界一流”的高等教育。要坚定文化自信，传承红色基因，把中华优秀传统文化精髓融入学生的精神血脉，让具有重要文化价值和传承意义的学科专业后继有人。

“扎根”，就是要追求卓越，将平凡的工作做到极致。

扎根才能敬业。敬业就是“专心致志以事其业”，是对本职工作执着专注、精益求精、一丝不苟、追求卓越的优秀品质。扎根，就是要干一行、爱一行、钻一行，以满腔的热忱和全部的精力投身教育事业，将平凡的工作做到极致。首先，要始终牢记教书育人主责主业，增强自身知识储备、改革教育教学方法、提升教育教学质量，扎根三尺讲台，用心用情种好课堂“责任田”，精心呵护学生成长成才。其次，作为科研工作者，不能浅尝辄止，而是要发扬钉钉子精神，“咬定青山不放松”，专注于学科专业领域潜心治学，“板凳坐得十年冷”，着力提升攻克关键核心技术能力，努力成为建构中国自主知识体系的排头兵。被称为“拼命黄郎”的科学家黄大年曾经说过：“中国要由大国变成强国，需要有一批‘科研疯子’，这其中能有我，余愿足矣！”他归国后，扎根研究领域七年间，以只争朝夕的敬业精神，填补了我国“巡天探地潜海”的多项技术空白，是党和人民满意教师的典型代表。

“扎根”，就是要乐于奉献，“捧着一颗心来，不带半根草去”。

扎根就要奉献。人民教育家陶行知先生的名言“捧着一颗心来，不带半根草去”，形象地道出了教师奉献精神的深刻内涵。教师的奉献根植于仁爱。教育是一门“仁而爱人”的事业，仁爱就是无私地奉献，是教育的灵魂。教师深深扎根于学生之中，以无私奉献和仁爱之心，启迪着学生的心智，浸润着学生的心田，点燃学生心中的火种，体现出人民教师崇高的人格魅力和无我的精神境界。教师的奉献根植于担当。担当体现为面对艰难困苦，不计个人得失、以苦为乐、砥砺前行的高尚情操。习近平总书记在给中国农业大学科技小院的同学们的回信中，高度赞扬他们走进乡土中国深处“自找苦吃”的精气神，高校教师也要发扬这种“不怕吃苦、自找苦吃”的精气神。特别在经济收入、发展平台、工作条件等存在一定差距的情况下，要坚定理想信念，永葆教育初心，甘于奉献，敢于担当；要以舍我其谁的精神状态投身教育事业，扎根中西部地区和边疆地区，扎根基层艰苦环境，奋力创造无愧于时代和人民的光辉业绩。

“扎根”，就是要勇于坚守，在坚守中奋发，在奋发中作为。

扎根就是坚守。习近平总书记在瞻仰中共一大会址时指出：“入党誓词字数不多，记住并不难，难的是终身坚守。”坚守是一种信仰、一种美德、一种境界，而支撑它的则是一份沉甸甸的责任。教师的坚守，让教育更有张力、更有温度、更有色彩；教师的坚守，影响着万千学子的职业操守和人生理想。教师坚守岗位，要有坚韧不拔的意志品质，要扛得住困难、耐得住寂寞、抵得住诱惑、守得住清贫。湘潭大学沧南教授一辈子研究毛泽东思想。1977 年，他响应党中央号召从武汉来到湘潭大学支援学校建设，一干就是 46 年，99 岁高龄的他去世前还在撰写学术论文。和沧南教授一样，40 多年前，来自全国各地支援湘潭大学建设的 600 多名教师，绝大多数一直坚守在教书育人的平凡岗位；他们发扬荒山建校、白手起家的奋斗精神，把当年的黄土高坡建成了现代化的大学城，他们就是“扎根”的忠实践行者。作为新时代的教师，应该继续弘扬这种勇于坚守的精神，在坚守中奋发，在奋发中作为，为党和国家的教育事业贡献力量。

——载《湖南日报》2023 年 9 月 6 日第 6 版

（作者系湘潭大学党委书记）

扎根红色沃土 赓续湘大精神

潘碧灵

为党育人、为国育才是高校的崇高职责和神圣使命。习近平总书记多次指出：“要坚持党的领导，坚持马克思主义指导地位，坚持为党和人民事业服务，落实立德树人根本任务，传承红色基因，扎根中国大地办大学，走出一条建设中国特色、世界一流大学的新路。”这为我们扎根中国大地办教育提供了根本遵循，指明了前进方向。一代又一代湘大人，怀揣着对家国天下的深情厚意，对社会进步的不懈追求，对教育事业的执着坚守，砥砺前行、勇攀高峰、久久为功，用心血与汗水书写着湘大的辉煌篇章，用智慧与勇气探索着未来的无限可能。他们在这里播撒下砥砺奋进的火种，创造了璀璨辉煌的业绩，熔铸了永恒不朽的湘大精神。这种精神，不仅是对历史的传承与发扬，更是对未来发展的坚定信念与无限憧憬。

扎根湘大铸忠魂，家国情怀显担当。

家国情怀是中华优秀传统文化的基本内涵之一，是代代相传的价值基因和集体人格，它深深植根于华夏儿女的灵魂和血脉之中，博大而深邃、恒久而绵长。高校作为文化重地、人才高地和育人基地，在人才培养和文化传承中具有得天独厚的平台优势，理应在涵育家国情怀、赓续文化传统上担重任、挑大梁、唱主角。湘大之所以成为湘大，就是因为有一批大师遵循一句嘱托、响应一纸号召、怀揣一腔热血、扎根一所大学、奉献一世忠诚。50 年间，荒山草屋变成了山水校园，嫩绿新芽长成了怀抱之木，靠的正是以身许国的那份爱，凭的正是以情为家的那份真。数十载未因功名追也逐，几十年一心扎根只为书。作为新一代的湘大人，我们更能读懂“扎根”里的赤诚热血，更能理解“扎根”里的奉献牺牲，更能体会“扎根”里的无上荣光。作为新一代的湘大人，我们更要树立心有大我、至诚报国的理想信念，践行“为天地立心、为生民立命、为往圣继绝学、为万世开太平”的鸿鹄之志，关心国家大事，关注民族命运，求真学问，练真本领，始终将个人的发展与国家的发展紧密结合起来，将个人的梦想融入中华民族伟大复兴之中，在继承和弘扬优良传统的过程中让家国情怀成为我们前行的强大动力。

扎根湖南绘新篇，三高四新谱华章。

高校高端人才集聚、学科优势突出、创新要素集中，是人才第一资源、科技第一生产力、创新第一动力的重要结合点。大学充分发挥自身优势服务经济社会发展，既是职责使命所在，也是自身发展所需。2020 年 9 月，习近平总书记来湘考察，从党和国家事业全局高度赋予湖南“三高四新”的战略定位和使命任务。湘潭大学作为湖南省省属的国家“双一流”建设高校，既生于斯，又长于斯，更兴于斯，将习近平总书记擘画的“三高四新”蓝图变成美好现实是我们义不容辞的责任。根深才能叶茂，本固方有枝荣。长期以来，学校深深扎根于国家战略需求和湖南经济社会发展需要，建设了湖南国家应用数学中心、湖南先进传感与信息技术创新研究院等重要科研平台，建成了全国以“四史”为特色的最全的虚拟仿真资源库及全沉浸式虚拟仿真实验室，获批全国首批“大思政课”实践教学基地。研发的“高效并行求解算法与解法器”广泛应用于石油化工产业领域的数据模拟求解；“基于北斗高精度定位的智能群枕式长钢轨铺轨机组”，解决了铺轨机组施工定位精度方面的两大关键难题；“智能化本邻线长轨双线铺轨系统”让高铁铺轨“左右开弓”，使高铁铺轨完成了从机械化、自动化到智能化的飞跃，主要功能、技术指标均达到国际先进水平；“结构件有限元核心算法计算模块”在多家企业上线运行，为企业提供了拥有自主知识产权的同类服务；“大思政课”实践教学基地接待全国各地来访交流团队500余批，受到社会各界的广泛肯定；推出13集《恰同学少年》、50集《湘“谈”四史》、100集《百年百地大学生思政微讲述》等特色微课，使思政课实践教学真正“火”起来……在“湘字号”队伍中我们争先走在了“第一方阵”，斗志昂扬地为服务“三高四新”美好蓝图提供了有力的科技支撑和人才支持。

扎根教育担使命，强国建设看潇湘。

党的二十大报告首次将教育、科技、人才单独成章进行布局，吹响了加快建设教育强国的号角。习近平总书记在主持中共中央政治局第五次集体学习时强调，“建设教育强国，龙头是高等教育”。毫无疑问，支撑教育强国、科技强国和人才强国建设，服务中国式现代化新征程，是当代大学必须肩负的时代使命。湘潭大学是由毛泽东主席亲自倡办、亲笔题写校名，并亲切嘱托一定要办好的大学；是习近平总书记寄予殷切期望，希望扎根伟人故里，办得更好、更有特色的大学。学校自创办之日起，即把立德树人作为根本任务，把学科建设作为发展根基，扎根于中国大地办大学与祖国共进，扎根于红色沃土与时代同行，根越扎越深、干越长越壮、花越开越好。“十三五”期间，学校吸引汇聚了包括5名中国工程院院士在内的120余名高层次人才、450余名海内外优秀博士扎根湖湘大地、建设伟人故里。如今30多万毕业生中走出了3名院士、10余名“长江学者”、20余名国家杰青，涌现出了“七一勋章”获得者、全国“双百”人物、全国道德模范、全国十大杰出青年等一批先进典型；数学学科入选世界一流建设学科，马克思主义理论学科在第五轮学科评估中取得重要突破，化学、材料科学、工程学、数学、计算机科学、环境/生态学学科等6个学科ESI排名进入全球大学和科研机构前1%，41个专业获批国家级一流本科专业建设点。教育强国的湘大答卷正在以更加充实、更加饱满的姿态徐徐展开。

新的征程，号角嘹亮；新的出发，步履坚定。习近平总书记在湖南第一师范学院考察时强调，学校既要提高学生的文化素质，又要引导学生立志报国，为推进中国式现代化培养一批批栋梁之材。作为湘潭大学的校长，我也一直在思考如何让"扎根"精神成为全体湘大人共同的价值追求，让家国情怀、服务"三高四新"美好蓝图、服务强国建设成为全体湘大人的行动自觉和内生动力。同时，也期待更多的专家学者、有识之士能够扎根在伟人故里，在这片红色沃土上为学、从教、育人，成为好老师、大先生、教育家，在培养堪当民族复兴大任的时代新人和服务强国建设的伟大征程中建功立业。每一名湘大人都应该是一粒种子，努力向下扎根、向上生长，接续不断地用我们的枝叶为这个共同家园增添更多的绿意和生机。也许一粒种子的生命力是有限的，但千千万万粒种子就有可能成就沃野。路虽远行则将至，事虽难做则必成，让我们携起手来共同扎根于伟大时代，扎根于伟人故里，扎根于神圣使命，以"咬定青山不放松"的钻劲，"任尔东西南北风"的韧劲，"扶摇直上九万里"的闯劲争得发展空间、赢得发展资源、抢得发展机遇，为加快建设教育强国、以中国式现代化全面推进中华民族伟大复兴贡献新的湘大智慧和力量！

（作者系湖南省政协副主席、湘潭大学校长）

谈高校教师的“扎根” 精神

季水河

“扎根”，就其本来含义而言，特指植物的根系向土壤里生长并扎进土壤深处，从而尽可能地多吸收水分和营养并保证植物健康生长；“扎根”，就其比喻意义来说，主要指领导干部、文学艺术家、科学技术工作者等群体深入特定人群和事物中去，脚踏实地了解情况、做好做细相关工作。“扎根”，就其作为一种精神境界而言，特指牢记初心宗旨不动摇，坚定目标方向不放松，直至最终达到理想境界。在中国特色社会主义新时代，高校教师的“扎根”精神主要表现在三个方面。

一、不忘初心、牢记使命的坚持坚守精神

“初心”，最初的心愿，泛指组织或个人最初确定的宗旨、心愿、信念；“使命”，本指派人办事的命令，多比喻组织或个人所承担的重大责任。中国共产党从成立之日起就确立了自己的初心与使命：为中国人民谋幸福和为中华民族谋复兴。百年来，中国共产党人一直坚持这一初心使命不动摇，从“全心全意为人民服务”到一切“以人民为中心”，都体现了中国共产党人为中国人民

谋幸福的不变初心；从国家独立到民族解放再到强国伟业，都体现了中国共产党人为中华民族谋复兴的伟大使命。

“不忘初心、牢记使命”，还体现在不同行业、不同个人对自己理想信念的坚守上。“两弹一星”的科学家们为了国防建设，历经千辛万苦初心不改、多年坚守在戈壁荒滩，献了青春献终身；铁人王进喜为了将中国“贫油国”的帽子甩到太平洋，不仅喊出了“宁肯少活二十年，拼命也要拿下大油田”的豪言壮语，而且一生坚守在石油战线，为中国的石油事业作出了重大贡献。“不忘初心、牢记使命”的教育工作者也不胜枚举。如2022年全国教书育人楷模安文军，扎根牧区30年，坚守教育初心，用爱心、耐心和智慧启迪学生，教会学生学习知识和做人做事；康绍忠院士坚持农业水土工程研究40余年初心不变，在干旱农业高效用水与水资源研究方面取得了突出成就。湘潭大学沧南、张铁夫等人一生坚守教育初心，永远牢记教育工作者的神圣使命，在教书育人中绽放生命的光彩。

“不忘初心、牢记使命”的坚持坚守精神，实质上就是扎牢初心之根，永记肩上之责，初心不移，信念不变，这无疑是“扎根”精神最生动的演绎，最本质的体现。

二、立足本土，执着本职的爱校敬业精神

湘潭大学要如何立足湘潭和湖南本土，将根深深地植入这片深厚的土壤之中？如何忠于教育和教师的本职，将立德树人、教书育人作为立校的基础，努力把湘潭大学办得更好更有特色？对湘潭大学而言，就是深入了解湘潭和湖南的历史与现实，充分挖掘湘潭和湖南的精神与物质资源，将其创新性地转化为人才培养条件；坚持立德树人，教书育人，始终将培养高素质的社会主义事业建设者和接班人作为学校的本职工作。对湘潭大学教师而言，就是立足于湘潭大学这块热土不动摇，热爱湘潭大学不变心，以校为家，爱校如家，始终以学校的要求为自己的需要，以教书育人为自己的本职，不因物质利益诱惑而移情别处，不因艰难困苦冲击而动摇初心。黄云清、罗和安、李佑新、文卫平等人，都是这方面的优秀代表。他们不仅业务精良，在各自的专业领域内都取得了突出的成就，而且影响力大，拥有各种耀眼的头衔，是很多高校争相引进的人才。然而，他们始终立足本土本校，忠诚人民教育事业，几十年如一日地热

爱湘潭大学，奉献湘潭大学。他们身上体现出了清代诗人、画家郑板桥在他的《竹石》一诗中所赞颂的“扎根”精神：“咬定青山不放松，立根原在破岩中。千磨万击还坚劲，任尔东西南北风。”中国特色社会主义新时代的湘潭大学，也正因为有了以他们为代表的一批立足本土、忠于本职的中坚力量才擎起了这片天，支撑了她的发展壮大。

立足本土，忠于本职，实质上就是不忘乡土情怀，筑牢责任意识。这是“扎根”精神最本真的显现，也是干好本职工作的动力源泉。

三、热爱学生，忠诚教育的无私奉献精神

无论是学校还是教师，涉及的对象主要是学生，“扎根”精神也无疑要体现在学生这个群体之中，体现在对待教育工作的态度之中。离开了学生和教育工作谈“扎根”，既体现不出特色，也难以落到实处。

“扎根”精神体现在对待学生的态度上，就是要走进学生之中，深入学生生活，了解学生学习精神状态，关注学生学习生活需要，想学生所想，急学生所急，把热爱之“根”扎进学生的生活中；“扎根”精神体现在对教育工作的态度上，就是要深入研究教育规律，准确把握教学特点，做教育教学的行家、专家，把忠诚之“根”扎进教育事业里。只有具备了对学生的热爱之心、对教育的忠诚之情，才能具有热爱学生、忠诚教育的无私奉献精神。这种忠诚奉献精神，主要体现在三个方面：一是将仁爱之心奉献给学生，走进学生内心世界，及时了解并解决学生学习、生活中的困难与问题，做到与学生心与心的沟通，情与情的交流，从而实现师生之间的相互包容、理解与信任，构建起一种和谐的师生关系。二是把赤诚之情奉献给教学，热爱三尺讲台，为学生传道、授业、解惑。三是以拼搏之志奉献科研，将搞科研、做学问作为一种生活态度、理想追求，以拿高级别课题、发高水平论文，获高层次奖励的高标准要求自己，为学术界奉献创新性学术成果，为学校提质上档作出贡献。

热爱学生，忠诚教育，本质上就是要求将学生摆在首要地位，将教育置于中心位置，这是“扎根”精神的具体体现，也是将湘潭大学办得更好、更有特色的重要保证。

（作者系湘潭大学文学与新闻学院教授）

典型人物与扎根精神

唐湘岳

习近平总书记在一些批示、回信和讲话中经常提到“扎根”，扎根中国大地办教育、扎根伟人故里、扎根边陲……

“扎根精神”是一种参与社会实践活动的理念，它鼓励个体或团体在特定地域或文化环境中发挥作用，为国家社会的繁荣和发展作出贡献。在当前的社会主义中国，扎根精神强调的是融入基层，体现着对各界知识分子、技术人员等群体参与社会主义事业建设的期盼。在我 40 年记者生涯采访的重大典型人物当中，有教师、科学家、文艺工作者……他们来自各行各业、各个年龄段，但他们的事迹无不体现着“扎根精神”。我谈以下几点认识。

“扎根”，就是要扎根在人民群众当中。

毛主席说：“我们共产党人好比种子，人民好比土地，我们到了一个地方，就要同那里的人民结合起来，在人民中间生根、开花。”毛主席要求共产党员像“种子”一样，在人民当中“生根开花”，这是对党的群众路线的一种形象生动的比喻。这恰恰体现的是“扎根精神”，明确了党员扎根到“哪里”的问题。习近平总书记在 7 年知青岁月当中扎根陕北黄土高原，带领梁家河老百姓建沼气、打水井、种烤烟，帮助他们改善生活生产环境，为他们谋福祉，很好地践行了“扎根精神”。

可见，只有扎根到人民群众当中去，才能知道人民群众所思、所需，更好地为他们排忧解难。湖南桂东县教育局前局长胡昭程一生扎根贫困县，创造了山区教育的奇迹。在 1996 年桂东县特大洪水期间，胡昭程跑遍了 18 个乡镇、179 所受灾学校和 497 户受灾教师的家，了解群众的困难，重建教学秩序，让学生和老师尽快回归课堂。“为民书记”郑培民在两年半的时间内跑遍全湘西土家族苗族自治州 218 个乡镇、上千个村寨，一度爬上 1700 米高山陡坡上的苗寨访贫问苦，体察民情。

新闻记者的“扎根精神”体现在 3 个字——“走基层”。脚沾泥土，心有百姓，为人民群众鼓与呼。

2005 年 8 月 13 日，我采访袁隆平院士，临别，他在我的留言本上写下一行字：“报道真实情况是记者的天职。”显然，只有在人民当中才能了解真实情况，报道真实情况。袁院士不在了，可他的扎根精神永远不朽，他的期望永远铭记在我心中。

扎根，就是要从“米箩里”跳到“糠箩里”，只求贡献，不求索取。

共产党员刘真茂扎根人烟罕至的狮子口大山，30 年如一日独守山林，只为守护宝贵的自然资源。浏阳回乡创业大学生张浩在城市和农村之间选择后者，扎根乡土创出千万元资产，探求科学农业之道，带动更多大学生扎根故土，带领当地村民走向致富之路。

我们的社会发展还不均衡，地域、城乡、职业都有差别，条件有好也有差，待遇有高也有低。具有“扎根精神”的人往往不讲条件，不讲待遇，不计报酬，在祖国和人民最需要的地方发光发热。我们提倡正常的人才流动，但我们绝不欣赏那种哪里条件好哪里待遇高就到哪里去的人才流动模式。

扎根，不是逃避和躺平，意味着向上成长，既脚踏实地，又仰望星空。在平凡的岗位上追求卓越，在伟大的事业当中实现人生的价值。

沈克泉、沈昌健父子只是普通的农民，可他们有自己的中国梦，要搞出超级杂交油菜来，造福于人民。在没有任何科研经费、一些部门又不支持的情况下，扎根农田35年，经历无数次失败仍不放弃，终于培育出第一个由非科研机构研制的并通过国家审定的优质油菜品种，他们的故事感动中国。

常德鼎城区蔡家岗中学“90后”教师麻小娟，扎根农村学校，7年来每天晚上比别人多工作半个小时，给留守儿童讲睡前故事，用一千零一个夜晚，点亮孩子的心灵。她说，一个人是渺小的，但目标可以远大，她的目标就是扎根乡村，耕耘音乐教育，培养好人。

拥有扎根精神，对于教育工作者来说，是潜心研究教育规律，不断提高教育教学质量，为国家培养更多的优秀人才。对文艺工作者来说，是坚持三贴近原则，深入人民群众当中汲取营养，创作出以人民大众为主角的无愧于时代的文学艺术作品；对新闻工作者来说，是传递真相，倾听民声，用文字和影像记录社会发展，绘就历史底稿；对科学家来说，是用蛰伏数年的沉寂和无数的失败换来一次石破天惊的创造。

“扎根精神”涵盖了党的二十大报告提出的“劳动精神、奋斗精神、奉献精神、创造精神、勤俭节约精神”，是这五种精神的浓缩。

“劳动”是扎根的实践形式，扎根的成果必须通过劳动来获取。不“奋斗”，扎根只会成为空谈。“奉献”是扎根的精神动力，无私奉献，才能扎得深，扎得久。“创造”是扎根追求的目标，必须在实际工作中勤动脑、多动手，让创意的光芒照进现实。“勤俭节约”是扎根的内在要求，它是中华民族的传统美德。对所在地域资源秉持尊重和珍惜，是扎根地方、融入地方的前提。

1977年，沧南教授听闻湘潭大学复课，怀着满腔热血，从武汉大学来到湘潭大学，从此扎根40余年，将毕生奉献给马克思主义、毛泽东思想的研究和传承。三尺讲台见证了他的教学劳动和学术创造，90平方米的教职工宿舍和简易的家具透露出沧老的勤俭节约，一百余篇论文和四本鸿篇巨著亦是他扎根湘大奋斗多年获得的硕果。

目前我正带领湘潭大学和湘南学院的上百名同学采写两本书——《湘大人口述——扎根》和《711 口述——不朽的平凡人》。湘潭大学人牢记毛主席“一定要把湘潭大学办好”的嘱托，在伟人故里教书育人、潜心科研，勤奋学习，涌现了像沧南、曾子其、文花枝、袁亚湘等一大批具有“扎根精神”的先进人物。

20 世纪中后期，为了给“两弹一艇”提供核原料，郴州“711 矿”的工人和家属们，默默无闻扎根深山数十年，前赴后继，生产出数以百万吨的铀矿石，为铸成大国重器献出汗水和生命，他们身上更是彰显了“劳动精神、奋斗精神、奉献精神、创造精神、勤俭节约精神”这五种精神。

我们深入采访，写好这两部口述，也是希望为弘扬扎根精神奉献一份宝贵的德育教材。

中华民族要振兴要崛起，离不开扎根精神，共产主义目标的实现，更是百年、千年、万年地需要弘扬扎根精神。

（作者系湘潭大学文学与新闻学院教授）

我对“扎根精神”的理解

李广一

各位领导、各位专家学者：

我是 1976 年来湘大的，到现在已经 47 年了。我用切身的一些体验来谈一谈我对扎根精神是怎么理解的。

来湘大是我自愿的，那时候我从我们领导的办公桌上看到国务院给各个高等院校的一个通知（那时还未正式对外宣布），要求各个学校选调优秀的骨干教师来支援毛主席家乡的大学。我是最早看到的，当时我就跟我们的领导请求让我去，不过我这个要求没有获批，领导说不行。当时我虽然年龄不大，但也算是中青年骨干教师。我给领导写了 3 次报告，坚持要求让我去，最后领导就同意了，说不能够挫伤我的积极性。就这样，我来到了湘潭大学。

来湘大，因为事先有思想准备，知道湘潭大学是新建的院校，一定是比较艰苦。但是来了以后，才发现远比我们所想象的艰苦还要艰苦，那真是还没有准备好。比如，来了以后，没有一间房子，没有一间教室，没有一间宿舍，我去报到的时候，看到有 3 台推土机在山头上将土推平，准备盖房子。那个时期来的同志们和老师们都是一样的，住的是农民的房子。我当时住的是一个猪圈，是农民原来养猪的地方，后来把它平了平，就租给了湘潭大学。夏天那么热，当时为了防蚊子，我们不得不把长裤、长袖和外套穿起来，戴上帽子，围上围巾。我们就是在这种条件下备课的。由于晚上备课只能使用煤油灯照明，导致我的视力由 1.5 一下子降到了 0.5。当时是没有自来水的，大家喝的都是池塘里的水。那个池塘，我们一边挑水，一边有人在洗澡，另外一边还有农民在那洗化肥袋子。生活上的艰苦，我们那个时期的老师都尝到过。这促使我一度产生动摇，但后来又坚定地留了下来，是因为一件发生在我爱人身上的很重要的事情。

她自小在上海长大，从来没有见过农村。有一次她在池塘边洗衣服，站起来的时候，看到水波的荡漾，再加上脚底下是青苔，脚底一滑摔到池塘里去了。还好当时有一个农民正路过，看见以后赶紧跳到水里去把她救起来。在水里等待救援的短短几分钟内，她已经喝满了一肚子的水。回来以后，我和我的爱人谈了一次，怎么办？是退还是进？考虑到我们是自愿来的，是为了支援毛主席家乡的大学来的，来的时间还比较短，还没有作出贡献，现在又要回去，实在是不好意思。我们觉得不能知难而退。我跟我爱人讨论了一个晚上，最后决定要留下来继续干下去，要继续坚持在湘大，为湘大作出一些贡献。

但是，我觉得还有一种因素对我们扎根湘大起到一定作用。如果在这个时候，有条件让你可以往更好的环境、更好的学校转移，你去不去？这个对我来说是一个很大的考验。

当时中央党校和湖南省委党校都向我抛来了橄榄枝，我心里真是非常矛盾。但是我后来想到，我要是走了，湘大的工作马上就会停止，我对不起湘大党委对我的信任。所以我感觉到扎根湘大，首先是生活观念上要有突破，要适应当时湘大的艰苦环境；其次就是当有更好的条件伸来橄榄枝时，不应该忘记来湘大的初心，即支援毛主席家乡大学的建设，并为此作出自己的贡献。

另外一方面，我觉得扎根湘大就应该像习近平总书记指出的，一定要把湘潭大学办得更好、更有特色。这一点，我觉得我为湘大的特色办学作出了一点贡献——主要就是研究非洲。我们按照中央的社会科学发展规划和教育部的精神，推动全国开展非洲研究。在 1982 年的时候，研究非洲，在我们高等学校仅仅是一棵幼苗。而经过 40 年的发展，已经成长为一棵参天大树。现在全国研究非洲的人员，包括高等学校里研究非洲的专职人员和兼职人员，有 500 到 600 人。而在我们刚成立非洲研究会的时候，全国只有不到 10 个人。当时我就表达了我的希望——我们还要继续发展，继续研究下去。

当时我们做的事情：第一，成立研究非洲的机构；第二，积极地为学生开设非洲的国际关系课程；第三，建立了学位点。所以最后我们湘潭大学国际关系的研究不仅对外招生，而且从博士生、硕士生一直到本科生的一整套培养体系都是以我们为向导的。在这个基础上，我们根据湖南省教育厅和省委高等学校教育工作委员会的指示，在全省推广了国际关系研究。这方面，我们负责统一编写教材，并负责成立全省的学术研究会。

下面，我根据自己的学习体会，说一下什么叫做扎根精神。我的体会是：首先，作为一个湘大人，应该树立为湘大工作一辈子的决心。其次，作为一个湘大人，应当全身心地融入到你所承担的工作当中去，应该竭尽全力地把你的工作做好。比如我是教师，我就应该做好教师的本职工作，如果我是一个行政人员，我就应该做好行政人员的本职工作。最后，要同其他湘大人协作，同心同德，努力把湘大办得更好、办得更有特色，不辜负毛主席的期望和习近平总书记的要求。我认为这就是我们应该有的湘大精神、扎根精神。

我的发言完毕，谢谢大家！

（作者系湘潭大学退休教授。本文根据录音稿整理，有删节）

我终身扎根湘大　献了青春献白发

曾子其

尊敬的各位领导、各位老同志、老朋友：

今天，我十二分高兴参加“扎根精神”研讨会，说说我对扎根的浅识。我的标题是：“我终身扎根湘大，献了青春献白发。”我认为广义上的扎根是，一粒种子只要深扎大地就是参天大树，十年扎根一朝成竹，还有“十年树木百年树人”。

我，坚信“可以把湘潭大学办好”，毅然扎根湘潭这块红土地。1975 年春节后我从衡阳市委组织部调到学校报到，住在长塘生产队一间放过农具农药的农民房子里。时任办公室主任的石光同志给我一本湖南省委宣传部编印的《一定要把湘潭大学办好》的小册子。我当晚在煤油灯下看了几遍，内容有：毛主席关于要破除迷信、解放思想，把湘潭大学办好的指示；中央领导华国锋、李先念、邓小平等亲批同意恢复建设湘潭大学；肯定了恢复建设湘潭大学不仅是全省人民的一件大喜事，也是全国人民的愿望；强调了要办成一所新型的社会主义大学，把建校和炼人结合起来；要坚持“荒山起家劳动建校”精神。这里说一则艰苦建校的实例：1976 年 3 月，一个太阳特别好的日子，住在农民家的王老师搬出被褥晒潮湿气时，发现枕头底下一条压扁的蛇，她吓得发抖！这些内容我现在回想起来仍有亲近感，可见当时鼓舞作用之大，是湘大人扎根湘潭这块红土地的重要原因。

1975 年 9 月 10 日，学校招收第一届学生，我戴着斗笠站在农田改成的大会场上，参加了开学典礼。9 月 12 日，《湖南日报》专题社论又是《一定要把湘潭大学办好》，我又反复学习了，明白了建校的目的和意义，从中感悟到参与学校建设是一生的光荣，是我扎根学校的根本原因。

1975 年 3 月 14 日，我去住地水塘提水打扫办公室卫生，因头晕病发作掉进水塘，扑腾了几分钟，被马同志救起。我是大难不死，享受了学校发展成果的湘大人。

我，坚定立德树人根本任务，培养党的事业接班人，根深叶茂结硕果。党的二十大报告指出，实施人才强国战略，为党育人、为国育才。我自觉、自信地参与全程育人、全员育人、全方位育人。每年班主任带领新生到学校铜像广场，向毛主席像致敬，表示要做优秀的湘大人的活动，我都会参加。我常找机会与学生谈心谈话。对他们说：“学习不勤对不起父母、学习不诚对不起老师、学习不实对不起自己”“要旗帜鲜明讲政治，理直气壮热爱党，听党话、跟党走”。“你不接班谁接班”，我认同以德为先、能力为重的说法。认定没有特长或专长的学生不算全面发展的学生。习近平总书记对我校的批示已立在学校的北京路上，更刻在我们心中。批示中指出要弘扬优良传统，坚持立德树人。我校的优良传统很多很多，令我感受最深的只有两点：一是劳动，学校是“荒山起家劳动建校”，劳动创立了湘潭大学，劳动养育了湘大人；二是坚持红色教育传承红色基因，这既是优良传统更是现实的必需。大学生既是红色教育的受益者，又是红色文化的宣传者，为充分发挥学生们的这些优点优势，我尽己所能给予各方面的帮助。

我对思想困惑、精神困扰、生活困难的特困学生特别关心，我诚心诚意接近他们，轻言细语劝导他们，因人因事因时具体地帮助他们。他们说：“与曾爷爷交谈，很轻松，说的内容应做到、做得到。”

我，坚持老有所学老有所为，夕阳有朝气，社会不抛弃。不学无长进，不进则退是尖锐的现象，老来不学连套话都说不准确，如果说我有优点的话，就是从小就爱读书。近十年来我的学习笔记有六本，其中一本的封面写了“一定要把湘潭大学办好”十个字。我退休27年来退而不休，尽心于弘扬优良传统，传承红色基因，尽力于立德树人根本任务，尽责于关心下一代。我不说假话少说空话，做实事、小事、有效的事。我联系学生党支部党小组600多个，与学生党员及入党积极分子交流交谈超1300人（次），批准入党前与我谈话的学生达310余人，讲党课超300场（现存党课讲稿50多份）。我常年联系学生班级和学生社团3个，为学生进步尽心尽力，要有所为不是给别人看的，年老要服老，有所为有所不为，这是领导们和晚辈们对我们的希望，我们要听话！

我，坚守晚年自律，不给或少给社会及亲友添麻烦。我们生在旧社会，老在新时代，社会和谐，正能量日益增多，物资丰富，吃穿不愁。我的自律六个字：自知、自制、自尊。保持政治晚节，不犯大错误，少犯小错误；力所能及做小事，不卖老，不逞能；尊重别人，小看自己；自找快乐，做自己高兴的正事就是真正的快乐；坚持学习，关心国家大事；保持生活规律性，身心愉悦度时光！

每个人都有对根的理解，在寻根中扎根。

贵本无根，尽在勤里得。

越是干旱，禾苗根扎得越深。

有人说我后脑勺长出了黑发，我将信将疑，不喜不忧，我既已扎了根，就直到寿终。但愿我扎的“根”再发芽出土，成树成林，荫庇劳动人民。

我和很多老同志一样，生在旧社会，长在“东方红，太阳升”的歌声中，老在新时代。新时代给了我们充足的物质营养，更丰富的精神生活，我知足，我感恩！下面，拙作一首

一朝跨进三拱门，此生都是湘大人。

扎根沃土结硕果，培育历代接班人。

献了青春献白发，诚心致力践初心。

唯愿双腿尚康健，身心走在学生中。

我热盼老同志、老朋友：坐在书房搞学习，走出室外晒太阳，享受新时代阳光的温暖，晚年幸福，健康长寿！

（作者系湘潭大学退休干部）

扎根湘大，做建设湘大的一颗铺路石子

杨学群

我是 1976 年从西安交大调来湘大的，和我同时调来的还有数学院的唐老师、机械院的匡老师以及我爱人崔老师。到湘大四十多年了，时光飞逝，我们眼看着当时的荒山逐渐变成今日的美丽校园。黄土山坡上建成的这所现代化双一流大学，培养了千千万万的青年学子，已成为建设祖国的生力军。对此，我们由衷地感到高兴和欣慰。回忆这几十年在湘大的工作和生活，我和许多老师一样，虽然觉得很苦、很累，但也很快乐、很骄傲。

一、万众一心，不畏艰苦，齐心协力建湘大

1976 年前后，从全国各地的老大学调来了几百位老师。那时校舍还未建好，我们都住在农民家里。羊牯塘方圆几十里全都住满了湘大老师。大家都怀着一颗火热的心，响应国家号召，投身到建校中，一定要办好毛主席家乡的大学。我爱人刚来就去给工农兵学员上课了，当时上课的场地是红旗大队部的一

排平房。而我则去了环境工程专业，为1977年的招生工作做准备。当时国内还没有开设环工专业的。1977年，全国只有三所院校准备首次招环工专业的学生，湘大也成为第一批吃螃蟹的高校。我们环工的老师来自西安交通大学、中南大学、湖南大学、哈尔滨工业大学等高校，都不是环工专业毕业的。我们就认真讨论研究、集思广益，拟定培养目标，制定教学计划、课程教学大纲等，然后分工备课，写讲义和教材，这些都是具有开创性的工作。分配给我的任务是准备两门专业课——《环境监测》和《环境质量评价》。为了编写《环境质量评价》的教材，我经常去长沙市科学技术信息研究所及其他高校图书馆查阅资料。早上五点乘长途汽车过去，一直到晚上七八点钟才回家，整日待在阅览室，中午都是随便吃点东西充饥，晚上回到家还要在煤油灯下整理笔记和复印资料。经过寒冬酷暑，我编写的讲义立即用于化工部干部培训课。后几经修改，被用作本科生教材。该教材曾获得湘大首届优秀教材二等奖。大约在1983年，全国环境工程专业教材编审研讨会在西安召开，会上确定我为环境质量评价课全国统编教材的主编人。但遗憾的是，因学校要我负责筹建测试，我只得将主编教材的事转交给别的学校负责。

由于政府的重视和全国的支持，湘大的建校速度很快，随着教学楼、图书馆等迅速建成，老师们更是夜以继日、不辞辛劳地投身备课和建设实验室。我和老师们自抬自扛地把一台台大型仪器设备安装调试好，用于教学实验和开展科学研究。我在电感耦合等离子体光谱分析和微波消解技术等方面做了深入的研究，并在国内外学术期刊上先后发表了20多篇相关论文。

我也经常指导年轻老师和实验员掌握先进的仪器分析技术，如：帮助验收新到的色谱仪，指导冲印胶片和暗室操作，帮助维修光栅光谱仪等。我还经常和老师们一起做实验，一起讨论课堂理论教学，一起交流指导毕业生论文和科研进展情况。大家共同切磋、互相启发帮助，不断提高教学质量和科研水平，努力为国家培养更多优秀学生。

二、服从学校需要，尽职尽责建设测试中心

1984年，湘大获得世界银行贷款220万美元。学校决定将这笔贷款主要用于高水平实验中心的建设，包括分析测试中心和计算中心。学校请我负责筹建分析测试中心，这是一项重要且十分繁杂的工作，我感到很为难。因为当时

我面临两项其他的重要任务：一是主编全国统编教材《环境质量评价》；二是做好与大港油田合作研究的科研课题“大港油环境质量评价研究”。对于这两项任务，我是有基础和优势的，对我个人的成就而言也是很有利的。但当学校的需求与个人的“利益”相矛盾时，我该何去何从呢？经过一系列思想斗争，我最终决定还是忠于初心，将学校的需要放在个人“利益”之上，开始踏上了长达10年的分析测试中心建设之路。

万事开头难。从3000多平方米的实验大楼的建设，上千万的大型进口精密仪器的安装、验收和调试，技术队伍的培训，到中心的计量认证与质量管理制度的建立，最终湘大分析测试中心获得了国家计量认证颁发的专用印章，成为当时湖南省高校中唯一一个获得国家计量认证的实验室。它所出具的测试数据具有法律效力，标志着一个现代化的分析测试中心的建成。这是学校领导的高度重视与关怀，全校师生的大力支持和中心全体工作人员辛勤工作的成果。为了充分发挥中心的作用，提高先进仪器设备的使用效益，仪器安装完毕便立即投入使用：为全校理工科本科学生和研究生开设了《现代仪器分析技术》等多门课程；给即将出国深造的学生和老师进行专项培训；指导学生做毕业论文；与理工科老师合作开展科学研究；承接样品分析；提供测试数据等，充分发挥了大型精密仪器在教学和科研中的作用。同时，中心还面向社会开放，与湘潭市技术监督局、湘潭钢铁集团公司及在湘的外资企业等单位合作科学研究，为他们提供技术咨询、人员培训及检测服务，使他们提高了产品质量和生产技术水平，扩大了湘大的社会影响力。1994年前后，教育部部长朱开轩来湘大考察，在视察完测试中心后，表扬我们是这批获得贷款的院校中建设和管理得最好的测试中心，他鼓励我们为学校教学和科研水平的提高作出更大的贡献。

1984—1995年这10年，是我尽职尽责、无怨无悔、艰苦创业的十年。我在测试中心身兼数职：支部书记、工会主席、中心主任。学校党政工召开负责人会议，我都需要出席，布置的工作都要完成。除此之外，我还是一名一线教师，要给化学院学生上课，要带毕业论文，还要做课题研究。我是仪器负责人，是五台进口仪器（总价值超过100万元）的主要负责人，负责仪器的安装验收、应用和维护管理。我严格把好每台仪器的验收关，对于达不到验收指标的仪器，我坚持与外商谈判，坚持要求退货或发起索赔。其中，我所负责的电感耦合等离子体发射光谱仪（简称 ICP－AES），因一项分辨率指标达不到要求，经艰苦谈判，最终争取到美国 Leeman 公司的赔款 4500 多美元。同时，我还帮助湖北大学和广西师范大学争取到同样价值的赔款，维护了国家的尊严，也为这些学校挽回了经济损失。这两所学校后来分别给我校贷款办寄来了感谢信。这 10 年，也是超负荷的工作的 10 年。我不得不每天加班加点，我的备课、课题研究大多是在实验室工作到深夜才完成的。虽然很辛苦，但我无怨无悔。当我看到测试中心为提高学校教学和科研水平充分发挥了作用时，我内心感到十分高兴。

三、发挥余热，做好督导团工作

我于 2001 年退休，随即又受聘于某知名大学。2002 年初，湘大成立教育教学工作督导团，准备迎接教育部的教学水平评估。听闻此事后我立即回到了湘大。在校党委和行政的领导下，湘潭大学第一届教育教学督导团（简称督导团）成立，我和十几位老教授成为了第一届督导团成员。评估迫在眉睫，我们立即投入到紧张的评估准备工作中，对课堂教学质量、教学管理、实践性教学环节、考试环节、专业建设、教材选用、专业教学计划的执行和教学秩序等各个教学环节都进行了深入检查，肯定成绩的同时指出存在的问题，及时向学校领导汇报，并提出改进意见。学校和各院系领导对督导团的工作十分支持，对我们发现的问题和提出的改进意见都非常重视，对提出的解决办法都会督促有关职能部门立即行动，解决问题。在全校优秀教师的评定、教学优秀奖的评选以及青年教师讲课比赛的评比中，督导团都认真细致审核材料，悉心听取多方面的反馈意见，做到公平公正。2006 年下学期，督导团积极配合教务处和各教学单位完成了全校本科专业教学计划、课程简介、课程教学大纲与考试大纲的审核校对任务，共审核校对了课程简介 1035 门，课程教学大纲 1459 门，考试大纲 1264 门，建立健全并完善了多项教学管理规章制度。2007 年上学期，督导团对全校 18 个教学单位本科教学工作水平进行了一次全面的检查评估，写了 18 份评估报告。其中，我写了数学、物理、化学、机械、土木、信工共六个院的评估报告。这次模拟评估为 2008 年教育部的评估做了准备，最终我校在评估中获得了“优秀”等级。

我在督导团工作 8 年（2002—2009 年），担任第三届督导团团长和第二届督导团副团长，我和每一位督导员一样承担督导工作。此外，我还要花更多的时间和精力与校领导及有关职能部门汇报和联系，考虑和具体安排督导团的工作、督导团的学期工作计划、阶段性的工作小结和届期的工作总结等等。我们督导员多数是复校初期就来湘大工作的“老湘大人”，热爱党的教育事业，热爱湘大，对办好湘大有一颗赤诚的心，为提高教学质量和科研水平，都是不辞辛劳、兢兢业业，无私地奉献自己的余热。督导团卓有成效的工作曾受到学校领导的表彰，得到过全体师生的尊重。我们为助力湘大两次获得教育部教学水平评估“优秀”而感到由衷的高兴和骄傲。

我自调来湘大，便再没有离开过，至今已 40 多年了。我们湘大人用实际行动履行伟人的嘱托，努力学习、勤奋工作、不畏困难、知难而上、服从分配、干一行爱一行钻一行，为办好湘大贡献了我们一生中最宝贵的时光。我们的理想实现了，湘大已在荒山上建成为高水平的双一流大学，这是几代湘大人薪火相传，努力奋斗的结果。我们坚信湘大的明天会越来越美好。

（作者系湘潭大学退休教授）

扎根学校　扎根讲台　扎根学生

李树丞

各位领导、各位同仁：

获悉湘潭大学举办"扎根精神"研讨会并邀我参加，内心非常高兴。本人有幸于2000—2004年间担任湘潭大学校长，见证了学校的一段发展历史。下面我结合自身经历谈几点认识和体会。不当之处，敬请批评指正。

第一，高校教师要扎根学校，以校为家，为学校建设发展多作贡献。

湘潭大学是毛主席亲自倡导创办、亲笔题写校名、并亲切嘱托一定要办好的大学，受到党中央、国务院的高度重视和亲切关怀，办好湘潭大学也是习近平总书记的殷切期望。复校之初，600多名老师从全国各地奔赴湘大，就是为了把学校建设好，后来这些老师大都扎根在这里，以校为荣，贡献了一辈子。我们目前在职的老师干部要弘扬优良传统，继承老一辈湘大人的扎根精神，为学校建设发展多作贡献。要倍加珍惜在学校任职、任教的机会和缘分，以校为家，以为学校贡献聪明才智为荣。让学校成为我们心灵的家园、情感的归依、坚强的后盾。二十多年前与同志们朝夕相处、同甘共苦的景象还历历在目。我虽然退休多年，也没有住在学校，但是每天醒来第一件事就是打开学校的主页，看看学校的情况。几十年的习惯和坚持，就是源于对学校的情感和热爱。

高校和教师是一对命运共同体。一方面学校是教师的依托和平台，影响着教师的职业发展、价值实现甚至家庭幸福。教师要像爱护自己的眼睛一样爱护学校的荣誉，要以主人翁的意识和担当，服务学校发展的大局，见证学校的历史，成为学校的风景！另一方面，高校履行职能和发挥作用，离不开教师这个主体。高校的党政干部、管理队伍，要为教师提供更好的工作生活环境、更优质的资源、更广阔的平台。要为教师热爱学校、奉献学校、扎根学校提供坚强保障。营造扎根的氛围和土壤，让他们想扎根、能扎根、扎住根。不仅要关心老同志，更重要的是要关心在职的中青年教师群体，让他们切实感受到学校和党组织的温暖，让他们在学校有更多的获得感、认同感、归属感。

第二，高校教师要扎根三尺讲台，重视本科教育，讲好一门课，守好责任田。

一流本科是建设高等教育强国的根基。2018 年全国高校本科教育工作会议召开，强调要把本科教育放在人才培养的核心地位、教育教学的基础地位、新时代教育发展的前沿地位。强调坚持“以本为本”，推进“四个回归”。我做校长那几年，我们的教授都是扎根讲台，站在教育第一线，给本科生上课的。我想现在一定做得更好了。高教大计，本科为本；本科不牢，地动山摇。没有优秀的本科生，研究生教育就没有高质量的“种子”，没有优秀的本科生，也会影响各行各业的发展。

重视本科教育和人才培养是湘大的优势与传统，我们的本科教育一直是做得非常好的，培养了很多优秀的本科生，如袁亚湘、周向宇等一大批知名的校友。学生来到湘大以后，经过几年的学习培养，身价倍增。提供优质的本科教育，为我们赢得了广泛的认可和赞誉，所以要延续我们的传统特色，进一步擦亮湘大本科教育的金字招牌。

教书育人是教师的天职，高校教师应该把教书作为第一工作，把上课作为第一责任。我们绝大多数的课程是专业课程，绝大多数的教职工是专业课教师，对大学生成长影响最大的也是专业课老师。要扎根讲台，打造金课，真正花心思去备课，去适应教育的新形势新要求。而不是一门心思拿课题、发论文，这并不是大学教师的唯一标志。要把讲台作为自己传道授业的阵地，把基础、核心的知识理论跟学生讲清楚，把学术研究的前沿热点介绍给学生，把科研优势、师资优势转化为教学优势，“讲好一门课，守好责任田”。

第三，高校教师要扎根学生心中，关心爱护学生，营造融洽的师生关系，提升素质能力。

教师要树立“以学生为中心”的教育教学理念，探索和遵循教育的发展规律、学生的成长规律。充分摸透学情，站在学生的立场和角度去考虑问题，真正关心关爱学生，在学生心中扎好根。从学校长远发展的角度，这也是做好校友工作的根本途径。今天的学生就是明天的校友，在校期间关心爱护每一个学生都是在为学校赢得未来。是对校友资源的凝聚，是对学生与母校情感的维系。

过去的师生之间走得很亲近，特别是复校初来校的那批老师。现在有些老师和学生之间，以老板和员工相称，下课以后见不到人影，凡事在聊天软件、邮件里交流，总感觉味道不对。就像良好的家庭关系，需要父母对孩子的陪伴。良好的师生关系也需要老师对学生的“陪伴”，这种陪伴不要求天天和学生待在一起，而是对学生的关心和关爱，对学生精神的指引和支持。在课堂上的一场讨论、在寝室里拉起家常、在实验室里等待数据、在办公桌前指导修改论文。教师的一言一行都可能被学生铭记一辈子，深刻影响着学生对教师和学校的情感。教师要像大树一样扎根，涵养和浸润学生的心灵。通过自己的言行去影响学生，把真善美传递给学生，把严谨端正的学术态度传递给学生，把为人处世的道理传递给学生，把爱国爱党爱校的情怀传递给学生。

从知识传输的角度来说，简单的基础知识灌输已经意义不大，各种计算机技术、大数据、人工智能高速发展，学生掌握信息的能力强、速度快。如果知识不更新、教案不更新、教学方法不创新，就不能吸引学生，根基就会不稳定。所以教师要不断提升技能，潜心备课，赢得学生的尊重和追随。

最后，衷心地祝愿学校越办越好，祝愿各位同仁工作顺利、身体健康！谢谢！

（作者系湘潭大学原校长）

根深厚重，行稳致远

——湘潭大学弘扬扎根精神简论

王泽应

各位老领导、老教授：

我是湖南师范大学公共管理学院和道德文化研究院的王泽应，长期研究哲学伦理学，对湖湘文化和王船山哲学伦理思想亦有浓厚的研究兴趣。虽然我不是湘大人，但是我对湘潭大学充满敬意之情。我觉得湘潭大学的文化精神跟我们湖湘文化有非常密切的关系，湘潭大学在传承和弘扬湖湘文化方面作出了非常重要的贡献。湘潭大学的扎根精神其实是我们湖湘文化和湖湘精神的一块瑰宝，它形成于既往的峥嵘岁月，体现出精深厚重、内涵丰富而又旷远高明的价值特质，已经产生了令湘大校友自豪，令湖湘学人娇傲的成就和影响，而今正在向更高处作精神的攀越和更深处作精神的研几，有望在不太遥远的将来创造出“可大”“可久”的盛德大业。今天的会议应该是这一盛德大业的隆重开启。

如果现在湘潭大学的领导、老师，包括学生，能够对扎根精神有进一步深入的认识，或者说很好地坚守，那么就会使湘潭大学获致一种高质量发展的动能并形成一种新质生产力，使湘潭大学的凝聚力、向心力和影响力在原有基础上获得更好更快的提升，这种新质生产力以及更高水平的凝聚力、向心力和影响力在福惠湘潭大学的同时，而且将造福湖南的教育、文化建设，甚至造福整个国家的教育强国和精神文明建设。

首先，湘潭大学的扎根精神是扎根于伟大领袖毛泽东的故乡故土，并且是以传承、弘扬、光大毛泽东思想、毛泽东精神为主体的精神，是跟中国共产党的精神体系高度联系在一起的红色精神、革命精神和进取精神。湘潭大学的“扎根精神”与西安交通大学的“西迁精神”，抗日军政大学的“延安精神”，以及西南联合大学的“扎根精神”等都是中国现代教育史上最可宝贵的精神财富。毛泽东思想是马克思主义中国化第一大杰出的理论成果，是马克思主义与中华优秀传统文化相结合的思想结晶，是我们党、国家乃至全世界人民最重要的精神财富。在毛泽东思想包括毛泽东精神大体系里面，有很多值得我们弘扬、光大的内容。我们党包括很多国家和民族的仁人志士、理论精英深刻地感受到，时代越往未来走，毛泽东思想的伟大和毛泽东精神的崇高就越发耀眼和醒目，那是一种光芒四射、感召人心的精神原子库！弘扬湘潭大学的扎根精神，就是要把这个根深深地扎在毛泽东思想的深处，扎在毛泽东精神的深处。这样我们就不会辜负毛泽东思想和毛泽东精神的教育和熏陶。将湘潭大学的扎根精神扎在毛泽东精神和思想的深处，就会使其获得丰厚的滋养和根深蒂固的支撑，对于湘潭大学的未来发展就会越发有利，正可谓“根之茂者其实遂，膏之沃者其光晔”（韩愈《答李翊书》）。

湘潭大学的扎根精神，因为扎根于伟大领袖毛泽东精神的深处，而毛泽东精神又是跟中华五千年文明和马克思主义理论密切联系在一起的，具有“高明”“广大”“博厚”和“深邃”的功能，可谓“千里之远，不足以举其大，千仞之高，不足以极其深”。

我们党和国家、民族都要高举毛泽东思想伟大旗帜，弘扬毛泽东精神，这是我们党和国家、民族走向伟大复兴的内在要求。作为矗立于毛泽东故土故乡的湘潭大学，更有理由更有资格将毛泽东思想高高举起，将毛泽东精神发扬光大，并以此凝心铸魂，这不仅事关湘潭大学的发展前途，也应该是湘潭大学神圣而光荣的职责使命，“舍我其谁”应该成为湘潭大学的价值共识。

其次，湘潭大学的扎根精神还应当是扎根湘潭本土和湖湘文化本土的文化精神。《贞观政要》有言：“求木之长者，必固其根本；欲流之远者，必浚其泉源。”湘潭是湖湘文化、湖湘精神的一个重镇，甚至可以说是一个圣地。这个地方千百年来人文炳蔚、风云激荡，产生了许多历史的、文化的精神财富和优秀人物。湘潭大学的“扎根精神”不仅是扎根于领袖故土的红色精神，而且也是扎根于人文炳蔚的湘潭文化沃土，传承着胡宏、胡安国父子开创的湖湘学派传统，发展着“黎氏八骏”即黎锦熙、黎锦晖、黎锦曜、黎锦纾、黎锦炯、黎锦明、黎锦光、黎锦扬的学术和文化精神。来自福建的胡安国、胡宏父子扎根湘潭的隐山创立湖湘学派，还培养了岳麓书院的山长张栻这样与朱熹、吕祖谦齐名的学术大师。讲湖湘文化就离不开湘潭的湖湘学派，就离不开岳麓书院。胡安国、胡宏父子开创的湖湘学派及其湖湘精神，对整个湖南的文化、教育产生了极其深远的影响，影响到长沙、岳阳、衡阳等地。所以湖湘学派的精神可以说是湖南文化的精神之根，也最有理由成为湘潭大学扎根精神的源头和始基。弘扬湖湘学派本体与功夫兼重，下学与上达共举，以及既重性命又重情理的学术致思和治学精神，对于湘潭大学扎根精神的推扩与涵养，无疑具有春风化雨、敦品立志的功效。黎氏八俊，学术精湛，思想超凡，堪称格物致知的典范。黎锦熙是毛泽东的老师，其他如黎锦晖、黎锦曜、黎锦光、黎锦扬等等，都在湘潭的文化史上写下了浓墨重彩的一笔。齐白石、彭德怀都是出生于湘潭的杰出人物。湘潭这个地方确确实实是文源深、文脉长、文气重、文运广，产生了诸多在文化史上叱咤风云的大师和杰出人物，湘潭大学扎根精神扎根于如此精深厚重的文化沃土，必然生长出参天大树，结出丰硕果实。

与此相关，湘潭大学的“扎根精神”也是扎根于湖湘文化并以湖湘文化浇筑生机与活力同时又为湖湘文化增添新的精神营养的精神。湖湘文化是中华文化体系中不可或缺的一部分，在中华文化大体系中起着一种“走向主流”“引领潮流”的独特作用，“古道圣土”“屈贾之乡”“潇湘洙泗”“荆蛮邹鲁”“革命摇篮”“伟人故里”等称誉生动地诠释了湖湘文化在中华文化统系中的历史地位和卓越贡献。杨度《湖南少年歌》有“中国如今是希腊，湖南当作斯巴达”“中国将为德意志，湖南当作普鲁士”等诗句，陈独秀在《欢迎湖南人底精神》(1920 年 1 月 5 日) 中指出：“湖南人底精神是什么？‘若道中华国果亡，除非湖南人尽死’。无论杨度为人如何，却不能以人废言。湖南人这种奋斗精神，却不是杨度说大话，确实可以拿历史证明的。二百几十年底王船山先生，是何等艰苦奋斗的学者！几十年前底曾国藩、罗泽南等一班人，是何等‘扎硬寨’‘打死战’的书生！黄克强历尽艰难，带一旅湖南兵，在汉阳抵挡清军大队人马；蔡松坡带着病亲领子弹不足的两千云南兵，和十万袁军打死战；他们是何等坚忍不拔的军人！”（《陈独秀文集》第一卷，北京：人民出版社2013年版，第555页。）湘潭大学的“扎根精神”有着扎根于湖湘文化的深厚土壤而又自成一家的独特秉性，灌注着对湖湘文化的创造性转化和创新性发展，为湖湘文化的发展和湖湘精神的新造已经作出了并将继续作出自己的历史性贡献。

湘潭大学的扎根精神既扎根湖湘文化的深处，同时又在引领湖湘文化向前发展，它是一种在湖湘文化当中走向主流和引领潮流的精神气势和担当。它不是一般的跟着走，而是走在前头、引领别人走，简单说这是一种弄潮儿的精神。湘潭大学要引领我们湖湘文化往前走，要举旗定向，将湖湘文化、湖湘精神发扬光大，在现代化建设中做出重大贡献。湘潭大学弘扬扎根精神，既要把根扎在湖湘文化的沃土之中，而且还应当是引领湖湘精神发展的弄潮儿，实现“向深处扎根”“向高处生长”“向远处迈进”的目的。

再次，湘潭大学的扎根精神必须是也应当是扎根中华文明五千年肥沃土壤之中，同时又以自己卓尔不凡的人才精神和文化精神建构为中国精神，特别是为当代中国精神争光添彩。源远流长的中华文明延续着我们国家和民族的精神血脉，既需要薪火相传、代代守护，也需要与时俱进、推陈出新。陈寅恪指出：“救国经世，尤必以精神之学问为根基。”冯友兰《国立西南联合大学纪念碑碑文》有言：“联合大学以其兼容并包之精神，转移社会一时之风气，内树学术自由之规模，外来民主堡垒之称号，违千夫之诺诺，作一士之谔谔”，展现了中华文明“亘古亘今，亦新亦旧”的文明绵延性和创新性。湘潭大学的“扎根精神”既是对湖湘精神“扎硬寨”“打死战”的传承与发展，又是对以爱国主义为核心的民族精神和以改革创新为核心的时代精神的弘扬与光大。中华优秀传统文化是中华文明的智慧结晶和精华所在，是中华民族的根和魂，是我们在世界文化激荡中站稳脚跟的根基。湘潭大学的“扎根精神”扎根于中华民族五千多年悠久文明史和精神史之中，既尽情地吸收中华优秀传统文化和中国精神的营养和水分，又以自己特有的根须、枝干及其成长的花果深化并装点着中华文化的万花园，在建设中华民族现代文明中发挥着自己越来越重要的作用。

最后，湘潭大学弘扬扎根精神，还可以紧密结合习近平总书记讲的构建人类命运共同体、创造人类文明新形态并以此为价值引领，在立足本土而又面向世界，扎根传统而又面向未来中做出自己应该有的贡献。中华文明自古强调修身、齐家、治国、平天下，宋代张载主张“为天地立心，为生民立命，为往圣继绝学，为万世开太平”，明清之际的王船山既主张挺立民族和文化精神的独立根性，又主张不同民族和文化精神应当保持“尔我不侵”“各安其所”的关系。中华文明在长期的历史发展中形成了“各美其美”“美人之美”“美美与共”“世界大同”的价值理念和文明精神，习近平总书记在新的历史时期提出了构建一个持久和平、普遍安全、共同繁荣、开放包容、清洁美丽的和谐世界等战略构想和价值理念，发表了全球发展倡议、全球安全倡议、全球文明倡议，对构建新型国际关系和人类文明发展新形态提供了中国方案和中国智慧。弘扬湘潭大学的扎根精神也有一个立足本土、面向全国和走向世界的扩展过程，只有这样，才能使湘潭大学的扎根精神既有根有魂又具有博大的气度和广阔的胸襟，不仅为湘潭大学的持续发展作出贡献，也为中华文明和人类文明作出贡献。

湘潭大学的“扎根精神”既是历史上一代代湘大人精神禀赋的价值确证，又是正在全面形成并有待培养的现当代湘大人精神的价值凝聚和精神锻造，还是创造未来辉煌前途的即将加盟湘潭大学建设的生力军的精神感召和价值呼唤。衷心地祝福湘潭大学以弘扬扎根精神为契机赋能扎根精神新的精神内涵，促进湘潭大学实现高质量发展，立足湘潭和湖南，面向全国和全世界创造出更加辉煌的文化和学术业绩，为新时代的教育强国、科技强国、人才强国谱写新的更加辉煌的精神文化和教育史诗！

（作者系湖南师范大学教授）

松柳之喻与扎根精神

谭虎娃

尊敬的各位领导，各位专家，各位老师：

毛主席曾用松树与柳树的特性来讲述共产党员到一个全新的环境，如何团结群众扎根下去的道理，他讲：共产党员要像柳树一样，插到哪里就在那里活起来。但是柳树也有弱点，就是随风倒，软得很，所以还要学松树，松树的劲大得很，到冬天也不落叶子。松树有原则性，柳树有灵活性。像柳树那样可亲，人人喜欢；像松树那样坚定，稳当可靠。这样人民群众就会成群结队地围绕在我们身边。这就是著名的“松柳之喻”。

2015 年春节前夕，习近平总书记来到延安杨家岭革命旧址，特别谈到了柳树和松树的寓意，指出柳树精神和松树精神正是当年中国共产党不断克服艰难困苦，取得胜利的关键。

那么，扎根精神是什么？如何弘扬扎根精神？我想结合毛主席的这段话，结合新时代以来习近平总书记关于扎根办学的论述，结合延安大学这样一个地处革命老区、但远离省会城市、办学有着诸多困难的高校的建设和发展，进行如下三个方面的汇报：

一是扎根精神就是在坚持社会主义办学方向初心使命的“原则性”下，要有柳树一般的“灵活性”，要有“插到哪里就在那里活起来”的强烈愿望和能力，从而解决“活下去”的问题。习近平总书记强调：“建设中国特色、世界一流大学不能跟在别人后面依样画葫芦，简单以国外大学作为标准和模式，而是要扎根中国大地，走出一条建设中国特色、世界一流大学的新路。”这一论述，这一原理，我想它是中国共产党百年历史揭示的中国应走一条不同于外国的教育发展道路的深刻启示，恐怕也是中国当下普通地方高校与“双一流大学”应走不同发展道路的深刻启示，也是延安大学这样的远离省会城市的高校与省会城市高校发展应走不同道路的深刻启示。延安大学作为毛泽东亲自命名、中国共产党创办的第一所综合性大学，按照习近平总书记讲的她为革命胜利、民族解放和老区建设做出重要贡献，但是地处延安、远离省会城市、办学资源短缺，她未来生存的根本在哪里？恐怕也就是习近平总书记的重要批示中所讲的“更有特色，更有水平”，即特色化定位和差异化的发展，从而成为国家战略发展中尤其是区域经济社会中不可或缺的组成部分。

二是扎根精神就是在解决了“根”扎下去的问题之后，要克服柳树“随风倒，软得很”的不足，学习松树“劲大得很，到冬天也不落叶子”的优点，在实事求是、创新发展中实现“强”的目标，从而解决“上水平”的问题。进入新时代，延安大学究竟何去何从，究竟从哪里突破，究竟如何在特色中求生存，在水平上求发展等问题摆在我们的面前。学校的出路就是，主动对接国家和区域现代化建设需求，围绕陕北地区作为国家现代能源经济示范区、黄河流域生态保护先行区、革命文物保护利用示范区等战略规划，打造了马克思主义理论与中共中央在延安十三年、陕北能源化工与材料科学、区域生态学与生物技术、延安文艺与陕北文化艺术、基础医学与临床医学 5 个特色鲜明的能够充分体现学校学科传统、发展历史和现状的学科群，建设了中国共产党历史、思想政治教育、生命科学、临床医学等一批国家一流专业。尤其是马克思主义理论与中共中央在延安十三年学科群，实现了国家社科重大、重点项目的成功申报，拥有了教育部人文社科重点研究基地，建设了 8000 多万字、具有原创性的、全文检索功能的“延安时期中共中央机关报数字平台”，取得了省内教学成果连续三次特等奖、国家级教学成果二等奖的成绩。当然，相对于我们在座的其他兄弟高校，这些成果微不足道，但是对于延安大学来说都是开创性的，足以写进校史里面的。

三是在活下去、强起来的基础上，做到像柳树那样“人人喜欢”，像松树“稳当可靠”，从而在办人民满意的大学和为人民服务中实现“人民群众成群结队地围绕在我们身边”的愿景，最终解决“满意度”的问题。大学的根要扎在哪里？毛泽东曾说：“我们共产党人好比种子，人民好比土地。我们到了一个地方，就要同那里的人民结合起来，在人民中间生根、开花。”那么，在我看来，这个根就是扎在中国大地上，扎在人民大众中间，扎在经济社会发展的需求中。一所大学，如果不能满足人民大众的需求，不能适应经济社会的发展，其存在的价值和意义又在哪里？当然，在需要和满足二者之间，一定是双向度的推进与回应，这样才能保证学校的独立和纯洁，保证学校用更为宽阔的视野、更为高瞻的姿态来审视我们这个时代，解决这个时代的问题。延安大学坚持用延安精神办学育人，将延安精神的四个方面内涵转化为育人的“信念坚定、求真务实、敢于担当、乐于奉献、善于创新”五个目标，培养出来的学生心甘情愿地愿意留在陕北，留在陕甘宁蒙晋的毗邻地区，愿意用自己的青春和汗水来服务社会，愿意用自己的双脚来丈量这片土地。

我的发言到此结束，谢谢各位。

（作者系延安大学副校长）

传承弘扬西迁精神
扎根西部建设中国特色世界一流大学

成　进

2022 年 10 月，我们党胜利召开二十大，二十大报告将教育、科技、人才作为全面建设社会主义现代化国家的基础性、战略性支撑，三位一体、统筹部署，为我们扎根中国大地办教育、建设中国特色世界一流大学指明了方向、提供了根本遵循。

西安交通大学对标对表、不折不扣贯彻落实习近平总书记重要讲话精神和党中央决策部署，深入学习贯彻党的二十大精神，胸怀“国之大者”，弘扬西迁精神，扎根祖国西部加快建设中国特色世界一流大学。

交大西迁与西迁精神

西安交通大学是我国最早兴办、享誉海内外的著名高等学府，其前身为 1896 年在上海创建的南洋公学，1921 年定名为交通大学。1955 年，党中央从国家战略布局和西部工业发展需要出发，作出了交通大学内迁西安的决定，交大师生响应国家号召，"听党指挥跟党走，打起背包就出发"。1956 年 9 月，6000 多名交大师生在西安大礼堂举行开学典礼，这是新中国高等教育史上的一次壮举，是"向科学进军、建设大西北"的一次长征。60 余年来，一代代交大人在黄土地上甘于寂寞、乐于奉献，孕育形成了以"胸怀大局、无私奉献、弘扬传统、艰苦创业"为主要内容的西迁精神。

迁校以来，在西迁精神滋养下，近 30 万名各类人才从西安交大走出，其中一半以上留在中西部工作；创造了 3 万余项科研成果，其中 241 项获国家"三大奖"，为国家发展和西部建设提供了有力的人才科技支撑。

2017 年 12 月，西安交通大学 15 位西迁老教授给习近平总书记写信，汇报党的十九大精神学习体会，习近平总书记对来信作出重要指示，向当年响应国家号召、献身大西北的交大老同志们致以崇高敬意，也希望西安交大师生传承好西迁精神，为西部发展、国家建设奉献智慧和力量。在 2018 年新年贺词中，习近平总书记再次提到西安交大西迁的老教授。2020 年 4 月 22 日，习近平总书记来校考察并发表重要讲话，强调西迁精神的核心是爱国主义，精髓是听党指挥跟党走，与党和国家、与民族和人民同呼吸、共命运，勉励师生在新时代创造属于我们这代人的历史功绩。2021 年，西迁精神被纳入中国共产党人精神谱系第一批伟大精神。2023 年，习近平总书记在中共中央政治局第三次集体学习时再次提到西迁精神。

大力弘扬西迁精神，创建中国特色世界一流大学

一、加强党的领导，扎根中国大地办学

习近平总书记来校考察时指出："要坚持党对高校工作的全面领导。"交大老校长彭康总结的"党的领导，教师队伍建设"两条办好社会主义大学的经验，也在交大西迁及六十余年创业历史中不断得到印证。

一是学懂弄通做实习近平新时代中国特色社会主义思想。坚持不懈用习近平新时代中国特色社会主义思想和党的二十大精神凝心铸魂，坚持好、运用好贯穿其中的世界观和方法论，努力做到理论与实际、学习与实践、宏观与微观"三个贯通"。持续推进习近平新时代中国特色社会主义思想"三进"工作，对

标对表、落实落细各项举措。

二是建立“15233”上下贯通、执行有力的工作机制。建立贯彻落实习近平总书记重要讲话重要指示批示工作机制，落实“党委常委会会议—校长办公会议—分管领导专题会议—牵头部门协调推进—责任部门单位抓落实”的五级工作体系，明确二级党组织书记例会、党支部书记例会制度，用好难题、举措、责任三张清单，做好师生支部、机关支部、机关学院支部共建活动。

三是对标对表习近平总书记关于教育、科技、人才工作的重要论述。坚持以国家战略需求为导向，立足“四个面向”，建设大平台、组建大团队、承担大项目、产出大成果、作出大贡献、培养大先生。聚焦电子信息、生物医药、先进制造等领域，制定学校优势学科与“国之大者”匹配清单，着力提升解决“卡脖子”难题能力。

二、强化精神引领，落实立德树人根本任务

习近平总书记来校考察时指出：“要坚持立德树人，努力培养更多一流人才。”学校西迁的历史，就是一部广大师生一心向党、爱国奋斗的历史，学校坚持把立德树人作为中心环节，把思想政治工作贯穿教育教学全过程，用西迁精神铸魂育人。

一是构建西迁精神“馆—研—展—教”研究传承矩阵。建设西迁博物馆，实施西迁珍贵档案抢救修复工程，入选全国“大思政课”实践教学基地、全国科学家精神教育基地等24类基地，接待50余万人次参观。建设西迁精神研究中心，举办爱国奋斗精神研讨会，开展国家社科基金重大委托项目“西迁精神历史意义与时代价值研究”，获批省级哲学社会科学重点研究基地。设立西迁精神出版基金，出版主题图书60余种。

二是扎实做好宣传宣讲。组建领导干部、专家学者、辅导员、学生骨干宣讲队伍，成立交通大学青年宣讲团和陕西高校宣讲联盟等，举办线上线下宣讲活动近800场。“为国愿做‘西迁人’”展览亮相国家博物馆及香港、江西等30多个省级行政区。推出“牢记总书记嘱托弘扬西迁精神”系列专题视频、音频。“西迁人”爱国奋斗先进事迹报告团走进人民大会堂，西迁精神案例《听党指挥跟党走打起背包再出发》入选全国党史学习教育案例选编。

三是在思政工作中充分发挥西迁精神政治引领、文化感召作用。将西迁精神融入思政课程和课程思政，持续开展“争做西迁精神新传人”等活动，举办

“新时代‘大先生’”讲坛，设立“新时代西迁人”青年教师工作站，鼓励教师积极参加科技服务、挂职锻炼，深入实施学生就业引领计划，就业率达98%以上，其中近一半留在西部建功立业。

三、开辟新征程上的新赛道，创造新时代的新贡献

习近平总书记来校考察时勉励师生，“到祖国最需要的地方建功立业，在新征程上创造属于我们这代人的历史功绩。”西迁以来，学校创造了百余项科学研究领域的第一，开设了多个新专业。新时代，学校着力推进产教融合，破解“卡脖子”难题，从弘扬“西迁精神”中汲取力量。

一是探索建立“一中心、一孵化、两围绕、一共享”的产学研深度融合新模式。成立由企业作为创新决策、研发投入、科研管理和成果转化四方面主体的校企深度融合新型研发中心，实施“双管理、双首席、双导师”，形成“科学家+工程师”联合团队，建立应用牵引基础研究机制，开展有组织研发。建立大企业承载的技术成果转化孵化器，围绕创新链布局产业链，为企业孵化新技术新产业，围绕产业链部署创新链，为学校孵化新学科新专业。在校企深度融合的基础上，建立“高校招、企业供、政府助、多方赢”人才共享共用机制，破解企业高端科技研发人才不足难题。

二是着力培养基础研究人才和卓越工程师。学校深化“强基计划”“基础学科拔尖学生培养计划2.0”建设，打造一批基础学科人才培养基地。加快建设未来技术学院、现代产业学院等新工科人才培养示范区，启动“产教融合、协同育人”创新工程。组建基础和应用前后端、学科专业横向间、学校和企业间的“双导师”团队，优化本硕博贯通培养路径，加快培养国家急需重点领域的卓越工程师和基础研究人才。

三是加大基础研究投入力度。坚持应用牵引基础研究，在国际科技前沿和国家重大战略需求中凝练基础研究方向。打破论文成果评价导向，探索建立长周期考核、长周期资助模式，完善评价机制，营造鼓励创新、宽容失败的研究环境。坚持以服务国家战略需求为导向，对标相关领域重大需求和“卡脖子”难题，形成“国之大者”攻关清单，实施“揭榜挂帅”，深化科研组织模式创新。

展望未来，西安交大将传承弘扬西迁精神，扎实探索和践行如何“听得准”“跟得紧”“走得实”，对标对表、不折不扣、知行合一，培养担当民族复兴大任的时代新人，为全面建设社会主义现代化国家、全面推进中华民族伟大复兴贡献智慧和力量！

（作者系西安交通大学党委常委、宣传部部长）

以"十个一"的举措推动扎根精神的传承和弘扬

陈小林

各位领导，各位专家：

1958年毛泽东主席亲自倡办湘潭大学，2018年习近平总书记又亲自对学校作出重要批示。因此，一定要把湘潭大学办好，并且办出自己的特色，是一个非常重大的政治任务。通过前期了解的情况，我们建议，湘潭大学接下来可以着眼做好十个方面的工作。

第一个"一"，提炼概括一种湘大的扎根精神。我感觉到，扎根精神的内涵还要进一步提炼和规范，这种扎根有广义和特定意义两种意思。广义的扎根，就是深深扎根中国大地，扎根边疆、扎根西部、扎根海防、扎根高原等；从特定意义上概括这种精神，就是湘大的扎根精神。习近平总书记对湘潭大学的重要批示有五句话，我个人认为，可根据习近平总书记的重要批示提炼出十六个字：听党召唤，扎根老区，为国育才，服务人民。

第一，听党召唤。这个要紧扣 1974 年湘潭大学复校的背景来理解。复校初，全国 90 多所重点高校的一大批专家教授，响应党的号召来支援湘大。这个和西迁精神有比较高的契合，即听党指挥，拿起背包就出发。习近平总书记在谈治国理政中多次强调，要坚持党的全面领导，一切行动听指挥。听党指挥和这一点比较契合。第二，扎根老区。这是“扎根伟人故里”的一种具体细化。我们有“扎根中国大地”“扎根边疆”“扎根西部”等说法，湘大的扎根精神就是要扎根老区，要立足湘潭，立足湖南，面向全国。第三，为国育才。这体现了高校的职能职责和神圣使命。第四，服务人民。这是高校要达成的重要目标，也是最后的落脚点，高校要坚持立德树人，坚持服务人民大众。湘大扎根精神的内涵怎么概括好、概括准，湘大的专家更有权威性，以上只是我个人初步的理解。

第二个“一”，编写一本教材。即组织力量（包括在校师生、离退休教师、广大校友等），编写一本以扎根精神为主题的通识课教材，教材内容篇幅不必太长，20 万字左右。

第三个“一”，开设一门课程。在井冈山大学，在大一的新生中就开设有一门课程：《井冈山精神与当代大学生》。我建议湘大也开设这样一门课程，就是用前面扎根精神的教材，把它转换为一门通识课程：《扎根精神与当代大学生》，可以设置 16 个学时，2 个学分。

第四个“一”，编排一部音乐剧，或者舞台剧。把当年老一辈湘大人那种“点油灯、住草棚、宿农舍”的艰苦奋斗的精神展现出来，把扎根湘大干事业的那种豪情和斗志展现出来，70 分钟左右就可以。井冈山大学有一台戏——音乐舞蹈史诗井冈山，表演了两年零四个月，有简本和详本，目前在各地演了 260 多场。实际上就是老师指导学生演，这本身就是一种锻炼学习的过程。

第五个“一”，成立一个扎根精神研究所。这个研究所要做到有编制、有机构、有人员。如果机构编制设置受限，可以考虑和毛泽东思想研究中心合署办公，但是这个牌子一定要挂起来，尽快组织相关研究力量开展研究工作。

第六个“一”，争取设立一个国家社科基金重大委托项目。项目名称就叫湘大扎根精神研究。当年西安交大就根据习近平总书记的批示回应申请到了一个国家社科基金委托项目。如果这个有难度的话，省里面一定要争取到，省市都争取。即使申请不到，至少我们学校自己可以设一个，校党委书记亲自主持，要把这个精气神立起来。

第七个“一”，召开一年一度或是两年一度的全国性的扎根精神理论研讨会。一年一度还是两年一度好？可以根据学校的实际情况来定。以井冈山全国第九届红色文化资源研究理论研讨会为例，它每年的主题是变的，比如“不忘初心”“学党史”，今年的主题是“主题教育”。

第八个“一”，建议在原校史馆的基础上办好一所扎根精神博物馆。就是要把校史馆的内容继续充实完善，将校史馆办得更好、更有特色。

第九个“一”，就是创建一批具有扎根精神的党建思政品牌。这个品牌具有湘大特色，又是与伟人故里息息相关，要整合好伟人故里的红色文化资源，充分彰显立德树人的成效。

第十个“一”，也是最后一个落脚点，即培养一批具有扎根特质的时代新人。湘潭大学地处地级市，客观条件和北上广高校比包括与省会城市高校比有差距，我们培养的学生就是中国 334 个地级市里面的这批高校生。所以，我们培养的人才更多要强调下得去、用得上、干得好、留得住，这样才能真正地扎根老区、扎根中国大地。

以上是我一些不成熟的思考。谢谢大家！

（作者系井冈山大学党委常委、副校长。本文根据录音稿整理，有删节）

扎根精神的哲学意蕴

张今杰

习近平总书记在中国人民大学考察调研时提出，要扎根中国大地办大学，走出一条建设中国特色、世界一流大学的新路。扎根精神是中华民族代代相传的一种精神品质。

扎根的原意是指植物根系向土壤里生长，比喻深入人群中或事物中去打下发展的坚实基础。扎根精神指的是一个人在面对外部环境的纷繁变化时，依然能够保持内心的稳定和自信，并且在不断地学习和成长中不忘初心、坚守信仰。作为人类内在的一种优良的精神品质，扎根精神有着其丰富的哲学意蕴。

首先，扎根精神体现了目的与手段的有机结合。

“功崇惟志，业广惟勤。”理想指引人生方向，信念决定事业成败。理想信念不坚定，精神上就会“缺钙”，就会得“软骨病”。理想说到底就是我们平常所说的人生目标，要完成一个特定的目标，自然需要有相应的手段。这个所谓的手段其实就是实现目标的方式方法和过程。要实现目标，我们不能盲目行动，肯定要有计划，那么在实现计划的过程中我们的能力也可以看成手段。总之，为了完成预先制定的目标，我们就要有相应的手段。比如我们想要成为一名学识渊博、品行高尚受学生爱戴的大学教师，就要好好地制定一下计划，就要通过有效的手段来实现这个崇高的目标。我们的手段就是扎根本职工作，不受外界纷繁世界的影响，沉下心来，潜心学术，钻研教学，关爱学生。可见，手段是为了达到目的而采取的具体方法和经历的具体历程。所以，为了实现成为一名好老师这个目的，我们就要采取相应的手段，约束自我，不断修行，每天进步一点点，直到目标真正得以实现。目的与手段的关系就是一种相互依存而又相互转化的关系，为了达到目的，我们要通过合适的手段去完成。

任何有生命力的事物，在其发展过程中都有其目标。一棵树苗的目标是生长成为参天大树，一个人应该成长为对国家对社会有用的人，一个国家应该为其国民的全面发展提供条件，而人民日益增长的美好生活需要就是中国共产党奋斗的目标。没有追求没有理想和目标的人生就如行尸走肉，毫无意义。茁壮成长，努力向上，是世间事物发展过程中最美的风景。向上生长首先体现了一种锐意进取的精神，这是一个事物发展的整体趋势。大至一个国家小至一个单位在制定了可行的目标之后，就需要大批敢想敢干、充满拼搏精神的员工来实施。现实中，有不少人在工作之初朝着目标干得轰轰烈烈、干劲十足，但是在拼搏一段时间之后却偃旗息鼓、躺平不干，工作锐气、朝气、活力都消失殆尽，思想落入俗套、工作落入平庸。这种宁可无功、但求无过的“过客”心理既不利于个人成长，也不利于国家和单位的事业发展。大学里每一位教师都要立志高远，锐意进取，切忌追求安稳，抱有无过即为功的心理，每一个教师都要有做“创客”而不是做“过客”的勇气和能力，要不断向经验丰富的老同志、身边优秀典型学习，在练好服务师生员工的基本功的同时，发扬敢为人先、不惧失败的“创客”精神，创造性地开展工作，将日常的灵光一闪变成现实，带着激情在教学科研和服务社会的过程中干事创业，为自己的教师生涯留下浓墨重彩的一笔，让一代“创客”型高校教师的奋斗形象伴随着中国经济的转型升级，成为创新中国、智慧经济的重要标识。

“宝剑锋从磨砺出，梅花香自苦寒来”，美好的理想从来就不是唾手可得的，都离不开筚路蓝缕、手胼足胝的艰苦奋斗。有了符合自身实际的理想和目标，广大高校教师还得有为实现理想而不断付出和厚积薄发的创业精神。因此，“向下”的努力同样至关重要。在个人事业的发展过程中，沉得下心、不盲从、不攀比，耐得住寂寞，经得住诱惑，为了“向上生长”的目标而持续努力是至关重要的。我国南方有一种植物叫毛竹，栽种之后的三至五年里基本上看不到任何生长的迹象，但它一旦破土而出就会以每天三十至五十厘米的速度疯狂生长，很短的时间内就能生长数米，最终才成为“栋梁之材”。千仞之树成于根，根深才会叶茂。其实，我们表面上看不到毛竹的生长，但实际上它并不是放弃了生长，而是抵制住了破土而出的冲动和诱惑，努力扎根，深入地底，不断吸收养分，不断扩大根系在土壤里的范围，为破土而出的那一刻做好充分的准备。

我们要像竹子那样根往下扎，竿往上长，沉住气、静下心，耐得住寂寞，经得住考验，以破土破石的毅力扎根于本职岗位，在工作中积累社会经验和阅历。做一个有基础，有内涵，积极向上的人。要有至高理想，要有气节，不被蝇头小利所诱惑，不被暂时的小成就蒙蔽双眼，不求虚名，不慕繁华，以实际行动践行认真做事、干净为人的原则。沧南老师作为最先援建湘潭大学的党员教授之一，数十年如一日坚持毛泽东思想研究，离休之后仍坚持每年给学生上党课，将自己的积蓄捐献给单位用于资助贫困学生，定期交纳特殊党费，这就是扎根精神的典型体现。沧南老师用自己的行动诠释了扎根精神的内在含义：坚定信念、埋头苦干、奋勇向前，甘当螺丝钉、甘做铺路石、甘为孺子牛，为广大师生的福祉尽心竭力。

其次，扎根精神体现了量变与质变的辩证关系。

量变和质变是事物发展过程中的两种不同状态。量变是指事物数量的增减或场所的变更，是一种渐进的、不起眼的变化。质变是指事物根本性质的变化，是事物由一种质态向另一种质态的飞跃，是一种根本的、显著的变化。事物的变化发展总是从量变开始，量变是质变的前提和必要准备，而质变是量变的必然结果。质变又为新的量变开辟道路，使事物在新质的基础上开始新的量变。事物的发展就是这样由量变到质变，又在新质的基础上开始新的量变，如此循环往复，不断前进。

如果没有几年蛰伏地下不断吸收和储备养料，持续扩展根系的量变过程，竹子不可能在破土而出之后茁壮成长，快速成材。即便能长到一定高度，也必定经不住风雨雷电的考验，早早结束自己的成长机会甚至生命。俗话说“树无根不活，人无根不立”，作为高校教师，我们要扎根本职工作，在平凡的岗位上积极做好量的积累，为实现自己事业的质变创造条件；在长期积淀的前提下要果断抓住时机，促成质变，实现飞跃和发展。

对于从事自然科学教学和科研的教师而言，需要扎根于日复一日的教学工作和枯燥的实验与数据中，因为科学研究是求真的事业，科学发现和理论突破是建立在无数次实验和观察的基础之上的。大自然从来不会把它运行的规律主动告诉我们，所以自然科学研究者必须大胆假设、小心求证，通过精心设计的实验来发现规律，做出任何结论都必须牢牢扎根于准确的数据和严密的逻辑。对于从事哲学社会科学教学和研究的工作者来说，需要扎根于研究情境，深入实践进行调研和观察。因为只有深入生活和工作的实践之中，才能真正了解真实世界，才能真正清楚处于纷繁复杂的社会现象中的人的所思所想、所作所为，才能做出足以指导实践的理论创新。不走入真实世界的田野，而是坐在办公室、图书馆里闭门造车做研究，就难免产生脱离实践的胡思乱想，也难以得到实践工作者的认同和尊重，从而失去了社会科学研究的意义和价值。对于科研管理工作者而言，需要扎根于科研一线，充分尊重科学研究的内在规律，鼓励创新，宽容失败，充分信任科研人员，深入科研一线为他们服务、给他们减负，让他们能够把有限的时间精力尽可能多地投入科研工作中去，早日实现国家科技自立自强的目标。

最后，扎根精神体现了可能性与现实性的统一。

可能性是相对于现实性而言的，是潜在的尚未实现的东西，是客观事物内部潜在的种种发展趋势。当某种事物或现象还没有成为现实之前，只是一种可能性。现实性指已经实现了的可能性，是已经产生出来的有内在根据、合乎必然性的存在。古希腊哲学家亚里士多德认为，可能性和现实性之间存在着相互独立和相互依存的关系，他说：“我们可以用对立的一方来解说现实而用另一方来解说潜能”（《形而上学》第 9 卷，北京大学出版社，2023 年 01 月）。德国哲学家黑格尔在《逻辑学》一书中进一步考察了可能性和现实性这两个范畴，他指出，可能性是内在的、潜在的现实，可能性有两种情形，即抽象的可能性和现实的可能性。他认为抽象的可能性在现实中缺乏充分根据和必要条件，实质上是不可能的东西。现实的可能性是有内容的东西，它在自身中包含着成为现实的各种根据和条件。辩证唯物主义认为，可能性和现实性这对范畴反映了事物或现象在发展过程中的两个必然阶段。事物从一种质态向另一种质态的任何转化都是可能性向现实性转化的运动。

每一位高校的教师都希望自己能成为一名优秀的教学工作者、科研工作者，每一位教师在自己的职业生涯中都有实现这个目标的可能性。为了将这种可能变成现实，就要求每位高校教师坚守“扎根精神”，要有持续吃苦的“耐力”。艰难困苦，玉汝于成。没有一艘船不经历风浪就能靠岸，没有一个人不承受磨砺便可成功，每一份成功都来之不易，暂时的艰既辛是考验，也是契机，更是成功路上的垫脚石。要有守得住寂寞的“定力”，耐得住寂寞，才能守得住繁华。纵观古今，每一个优秀的人，都会经历一段较长的沉默的时光，其间他们付出了很多努力，但并不一定能得到好的结果。每个人要成功，都需要做默默无闻地付出。我们要在教学和科研等方面做出突出成绩，就需要有“扎根精神”，守得住清贫，耐得住寂寞，用一颗沉静的心，默默无闻地、脚踏实地地发展和壮大自己，积聚能量。当我们从艰苦中不断汲取成长的力量，练就过硬的基本功，蹲好苗、扎好马步，总有一天我们会蓄势待发、蹄疾步稳、乘风破浪，像毛竹一样在最短的时间里实现个人的快速成长和生命的华丽转身。

“大木百寻，根积深也；沧海万仞，众流成也；渊智达洞，累学之功也。”作为新时代的高校教师，我们要学习和践行“扎根”精神，深刻理解根深才能叶茂的道理，在为社会主义培养接班人的道路上一路前行并“枝繁叶茂”。

（作者系湘潭大学碧泉书院·哲学与历史文化学院教授）

把握“扎根中国大地办教育”的三重维度

杨小军　门佳颖

党的二十大报告强调“教育是国之大计、党之大计”。2018 年，习近平总书记在全国教育大会上明确指出，要“坚持扎根中国大地办教育”。这一重要论述是对教育事业规律性的深化认识，是引领我国教育事业发展、办好中国特色社会主义教育的根本遵循，具有鲜明特色、重大理论价值和实践指导意义。“坚持扎根中国大地办教育”是中国共产党人对中国特色社会主义教育规律的准确把握，是办好中国特色社会主义教育事业的基本遵循，也是中国教育在中国共产党领导下持续探索的生动写照。扎根中国大地办教育，必须深入把握以党对教育的全面领导为根本保证、以立足中国国情为基本出发点、以遵循教育规律为基本原则这三重维度，唯其如此，才能将教育深深植根于中国大地的土壤中，才能扎实推动教育强国建设，才能使中国特色社会主义教育发展道路行稳致远。

一、扎根中国大地办教育，以党对教育的全面领导为根本保证

“立定脚跟，背后青山飞不去。”党的领导是中国特色社会主义最本质的特征，也是中国特色社会主义制度的最大优势。正如习近平总书记在2018年的全国教育大会上的讲话中强调：“教育要培养一代又一代拥护中国共产党领导和我国社会主义制度、立志为中国特色社会主义奋斗终身的有用人才。”想要“扎根中国大地办教育”，必定立足要稳，这就要做到始终坚持党对教育工作的全面领导。坚持党对教育的全面领导，是“扎根中国大地办教育”、办好中国特色社会主义教育的根本保证，也是为党育人、为国育才，推动中国特色社会主义教育事业在党的领导下稳步发展的重要前提。

1. 党对教育的全面领导是发展中国特色社会主义教育事业的根本保证

党的二十大报告指出，“中国特色社会主义最本质的特征是中国共产党领导，中国特色社会主义制度的最大优势是中国共产党领导”。历史和实践一再证明，坚持和加强党的领导是做好一切工作的根本保证。教育是国家发展的基石，是民族进步的重要力量，是实现中华民族伟大复兴的关键支撑。坚持党对教育的全面领导，是“扎根中国大地办教育”的首要前提，是确保我国教育事业始终良好发展、沿着正确方向前进的根本保证。一方面，党对教育的全面领导为中国特色社会主义教育事业发展指明了前进方向。在党和国家事业发展布局中，着力办好办成人民满意的教育、推进教育事业发展是具有战略意义的基础工程。为党育人、为国育才，党对教育的全面领导明确了“扎根中国大地办教育”的社会主义方向，并且推动建构了中国特色教育体系，为党和国家培养堪当民族复兴重任的时代新人。坚持党对教育的全面领导就是沿着中国特色社会主义教育发展道路继续前进，在秉持以人民为中心的发展思想中努力让全体人民享有更好更公平的教育，朝着以高质量发展实现“扎根中国大地办教育”的目标奋进。另一方面，党对教育的全面领导体现在以下三个层面：第一，党对教育的全面领导体现在思想政治领导上。要让思想政治工作贯穿教育工作的全过程，使教育领域成为坚持党的领导的坚强阵地。要坚定不移维护党对教育事业的全面领导，自觉在政治立场、政治方向、政治原则、政治道路上同党中央保持高度一致，从而以党的全面领导来确保“扎根中国大地办教育”的正确方向。第二，党对教育的全面领导体现在制定教育方针政策上。党的教育方针

政策是教育工作的根本遵循，党始终坚持把教育事业放在优先发展的战略地位，制定了一系列关于教育改革发展的重大决策部署，为我国教育事业的发展提供了科学指导和政策支持。第三，党对教育的全面领导体现在推动教育改革创新上。教育改革是教育事业发展的永恒主题。党始终坚持以改革创新精神推进教育事业，深化教育体制改革，推进教育教学改革，致力于培养德智体美劳全面发展的社会主义建设者和接班人。

2. 党对教育的全面领导是统筹中国特色社会主义教育全局的内在要求

“党政军民学，东西南北中，党是领导一切的。”统筹部署中国特色社会主义教育全局，必须充分发挥党总揽全局、协调各方的领导核心作用。中国共产党是新时代中国特色社会主义事业的领导核心，处在总揽全局、协调各方的地位。党统筹中国特色社会主义教育全局，是指在中国共产党的领导下，全面规划和协调中国特色社会主义教育全局发展。这一过程包括以下几个方面：首先，制定教育发展战略。教育发展战略是关于我国教育事业发展的宏观决策和总体规划。我国现阶段的教育发展战略，是以“教育要面向现代化，面向世界，面向未来”为战略目标的，“三个面向”是教育发展的宏观决策。要站在国家和民族发展的全局高度，扎根中国大地，制定符合中国特色社会主义事业总体要求的教育事业发展战略，明确教育发展的目标、任务和重点。其次，优化教育资源配置。要充分发挥政府在教育资源配置中的主导作用，合理配置教育资源，促进教育公平，提高教育质量。统筹基础性、学术性、技术性教育，统筹科技、教育、人才战略，统筹文化自信和对外开放，合理调整中国特色社会主义教育格局，促进教育均衡发展。最后，深化教育改革创新。要推动教育体制改革，完善教育管理体制，充分激发教育事业发展的生机活力，为国家和民族的发展提供有力的人才支持，为贯彻落实“扎根中国大地办教育”奠定改革基础。

3. 党对教育的全面领导是扎实推动教育强国建设的根本保障

党的二十大报告中指出：“培养什么人、怎样培养人、为谁培养人是教育的根本问题，也是建设教育强国的核心课题。”中国特色社会主义进入新时代以来，我们党全面系统地推进教育领域的全面深化改革，将党的领导优势转化为教育改革创新发展的内生动力，使教育系统成为贯彻落实党的全面领导的有力阵地，为“扎根中国大地办教育”、加快建设教育强国奠定了坚实基础。一方面，党对教育的全面领导体现在坚持教育优先发展上。党始终坚持把教育事业放在优先发展的战略地位，坚持把优先发展教育事业作为推动党和国家各项事业发展的重要“先手棋”，在组织领导、发展规划、资源保障、经费投入上加大投入力度，优化资源配置，持续推进教育公平，努力缩小城乡、区域、校际之间的教育差距，为“扎根中国大地办教育”提供战略保障。另一方面，党对教育的全面领导体现在落实立德树人根本任务上。立德树人是发展中国特色社会主义教育事业的根本任务，坚持党对教育的全面领导是新时代教育工作的重要遵循，深刻把握二者内在统一关系是“扎根中国大地办教育”的关键所在。坚持党对教育的全面领导，坚持以习近平新时代中国特色社会主义思想铸魂育人，是贯彻落实立德树人根本任务的具体实践要求。要以“立德”为根本、以“树人”为目标，高质量为党育人、为国育才，坚持立德与树人相统一，始终贯彻落实立德树人根本任务、培养堪当民族复兴重任的时代新人，推进教育强国建设，为“扎根中国大地办教育”发挥出把方向、标旗帜的强大作用。

二、扎根中国大地办教育，以立足中国国情为基本出发点

2018 年 9 月 6 日，习近平总书记对湘潭大学作出重要批示，希望湘潭大学扎根伟人故里，努力把学校办得更好、更有特色。这启示了“扎根”就是要立足于已有的资源，从实际出发，进一步做出特色来。“扎根中国大地办教育”，想要根扎得深，就必须坚持立足中国国情，从最根本、最现实的中国实际情况出发解决问题，坚持实事求是。中国大地是教育事业的根基和营养土壤，扎根于此，意味着教育要立足中国国情、文化传统和社会发展现实，为中国的未来发展提供坚实的人才支撑。

1. 扎根文化沃土：在传承弘扬中华优秀传统文化中办教育

中华优秀传统文化是中国大地的根和魂。习近平总书记在谈及文艺创作时指出，“只有扎根脚下这块生于斯、长于斯的土地，文艺才能接住地气、增加底气、灌注生气”。与此同理，只有扎根中国大地，从中华优秀传统文化中吸收养分，才能办好中国特色社会主义教育事业。办好中国本土的教育，必须植根于底蕴深厚的中华文明之中，从中华优秀传统文化中汲取营养。一方面，传承中华优秀传统文化，培育民族精神，是“扎根中国大地办教育”的重要内

容。在教育工作中，需要重视中华民族的传统文化，弘扬中华民族的传统美德，培育教育者和受教育者的家国情怀和社会责任感。中华优秀传统文化积淀了中国人几千年来的价值观念和行为规范，对当代教育仍具有重要的指导意义。通过传承中华优秀传统文化，引导受教育者树立正确的世界观、价值观，树立正确的人生目标和人生追求，为实现中华民族伟大复兴的中国梦打下坚实的思想基础。另一方面，要更好地弘扬中华优秀传统文化，增强文化自信和文化软实力，是“扎根中国大地办教育”的内在要求。在推进教育现代化的过程中，注重传统文化的传承和文化自信的培养，弘扬中华优秀传统文化，引导受教育者树立正确的历史观、民族观、国家观和文化观，坚定文化自信，涵养家国情怀，增强文化自信和民族自豪感。

2. 扎根中国道路：走好中国特色社会主义教育发展道路

习近平总书记强调，“办好中国的教育，必须坚持中国特色社会主义教育发展道路，扎根中国、融通中外，立足时代、面向未来，发展具有中国特色、世界水平的现代教育。”中国的事情必须按照中国的特点和中国的实际办，这是解决中国所有问题的正确之道。中国有独特的历史、独特的文化、独特的国情，教育发展必须坚定不移走自己的路。中国特色社会主义教育发展道路就是从现实国情出发的必由之路。一方面，要坚定不移地坚持以马克思主义为指导，坚持党的教育方针，坚持社会主义办学方向，不断完善社会主义教育制度，推动教育事业全面发展。中国特色社会主义教育发展道路是党的教育方针的具体体现，是党的教育工作的实践路径。中国特色社会主义教育发展道路是在全面建设社会主义现代化国家的伟大实践中形成的，是在充分借鉴人类文明成果的基础上，立足中国国情，发展中国特色社会主义事业的必然选择。坚定不移走中国特色社会主义教育发展道路，是中国共产党的基本理论和基本路线的具体体现，是“扎根中国大地办教育”的本质要求。另一方面，着力解决不平衡不充分的教育发展问题，是扎根中国大地办教育、扎根中国特色社会主义教育发展道路办好教育的关键所在。人口规模巨大的现实基础要求办教育必须立足国情、打牢基础教育；复杂多样的社会环境要求办教育必须有针对性、突出特色；全体人民共同富裕的本质特征要求办教育必须为人民服务、实现教育公平。因此，发展中国特色社会主义教育事业只有符合实际、符合国情，着力解决教育公平、教育资源分布、优质教育资源不足等制约我国教育事业改革发展的重要问题，才能更好地推动社会主义现代化教育事业发展。

3. 扎根历史脉络：为实现民族复兴伟业而办好教育

实现中华民族伟大复兴是无数中华儿女扎根中国大地的远大梦想。习近平总书记在清华大学考察时强调，“我国高等教育要立足中华民族伟大复兴战略全局和世界百年未有之大变局，心怀‘国之大者’，把握大势，敢于担当，善于作为，为服务国家富强、民族复兴、人民幸福贡献力量。”在中国共产党领导下，扎根中国大地的教育始终站在人民的立场上，服务于民族独立、国家富强、人民幸福的历史伟业，服务于中华民族伟大复兴的伟大梦想。扎根民族复兴的历史脉络中办教育，最终目的是实现中华民族伟大复兴。一方面，在建党百年的历史征程中，办好中国教育始终要扎根历史脉络，坚定历史自信，为实现中华民族伟大复兴的中国梦而不懈奋斗。中国共产党百年历史经验中，就把教育作为宣传和发动人民群众的重要方式，以教育推动革命斗争。工农教育、干部教育、青年教育在当时呈星火燎原的态势，湖南就是教育与人民群众紧密联系的地区之一，湖南长沙有农村教育补习班，湖南自修大学则开展干部教育。历史和实践证明，扎根中国的教育始终是为实现民族复兴的历史伟业而不断奋进。另一方面，在新时代新征程中，教育要以中国式现代化推进中华民族伟大复兴为根本目的。2014 年 9 月，习近平总书记同北京师范大学师生代表座谈时强调，“两个一百年”奋斗目标的实现，中华民族伟大复兴中国梦的实现，归根到底靠人才、靠教育。实现中华民族伟大复兴是“扎根中国大地办教育”的美好梦想，教育是实现中华民族伟大复兴的关键支柱，只有坚定不移扎根历史潮流，扎根中国历史，扎根中国文化来办教育，才能为中国式现代化提供强大的人力和智力支持，推动实现中华民族伟大复兴。

三、扎根中国大地办教育，以遵循教育规律为基本原则

扎根中国大地办好中国特色社会主义教育要从实践出发，从客观规律出发，遵循教育发展规律，科学发展教育事业。2014 年 5 月 4 日在北京大学师生座谈会上，习近平总书记第一次明确提出“坚持扎根中国大地办大学”这一重要思想，指出：“我们要认真吸收世界上先进的办学治学经验，更要遵循教育规律，扎根中国大地办大学。”揭示了只有遵循教育规律这一基本原则，才能更好地“扎根中国大地办教育”。2022 年 4 月 25 日，习近平总书记在中国

人民大学考察调研时继续强调：“扎根中国大地办大学，走出一条建设中国特色、世界一流大学的新路。”遵循教育规律，是“扎根中国大地办教育”的根本价值遵循，必须坚持社会主义的办学方向，必须坚持立德树人的根本任务，必须培养堪当民族复兴重任的时代新人。

1. 遵循教育规律，必须坚持社会主义的办学方向

教育规律是教育活动中客观存在的规律性和必然性的总和，遵循教育规律是办好中国教育的根本要求，是促进教育质量提升和人才培养的关键。坚持社会主义办学方向是“扎根中国大地办教育”的重要保障。坚持社会主义办学方向，一方面，必须始终坚持马克思主义的指导地位。马克思主义是我们立党立国的根本指导思想，也是中国教育最鲜亮的底色。在中国特色社会主义教育发展实践中，要始终坚持以马克思主义为指导，全面贯彻党的教育方针，深入把握“两个结合”的内在逻辑，系统把握马克思主义基本原理同中国具体实际相结合的理论成果。马克思主义基本原理是对整个人类社会发展规律的深刻总结和科学阐述，具有科学性和革命性。马克思主义为教育事业提供了科学的指导思想和方法论，强调教育的社会属性和历史条件，提出了关于教育的本质、目的和任务的深刻认识。另一方面，坚持不懈用习近平新时代中国特色社会主义思想凝心铸魂。马克思主义注重对教育规律的把握，提出了关于教育规律的基本原理和规律性要求，为教育实践提供了科学的依据和指导。我们要始终坚持社会主义的办学方向，用马克思主义中国化最新成果武装师生头脑，深刻理解习近平新时代中国特色社会主义思想的科学体系，推动习近平新时代中国特色社会主义思想进教材、进课堂、进头脑，坚持不懈用党的创新理论统一思想、统一意志、统一行动，不断巩固马克思主义在意识形态领域的指导地位，坚持和发展马克思主义必须同中华优秀传统文化相结合，让马克思主义牢牢扎根中华民族历史文化沃土。

2. 遵循教育规律，必须坚持立德树人的根本任务

立德树人是“扎根中国大地办教育”的根本任务。教育的根本任务是培养人，因此，办好中国特色社会主义教育事业必须始终坚持以人为本、立德树人的教育理念，关注学生的全面发展。立德树人是教育事业的价值追求，只有以立德树人为核心，才能更好地实现教育的内在价值和外在价值。立德树人也是教育事业的根本要求，只有积极推进立德树人，才能更好地推动教育事业的全

面发展，才能更好地扎根中国大地，办好中国教育。首先，要尊重学生身心发展规律。教育应该适应不同年龄段学生的身心发展特点，充分考虑学生的认知、情感和个性需求，注重培养学生的思维能力、创新精神和实践能力，促进学生全面发展。其次，要坚持科学的教育理念。教育应该以立德树人为根本任务，注重培养学生的道德素质、人文素养和公民意识，同时要关注学生的个性化需求，鼓励学生自主学习、合作学习和探究学习，实现因材施教。最后，必须坚持德育为先的原则，将德育贯穿于教育的全过程。要加强对学生的思想品德教育，引导他们树立正确的道德观念，培养他们的道德品质；要加强对学生的法制教育，使他们了解国家的法律法规，增强他们的法治意识；要加强对学生的爱国主义教育，培养他们的民族自豪感和国家认同感；要加强德育课程的建设，完善德育评价体系，创新德育教育方法。此外，还可以通过加强对学生的实践教育，通过参加社会实践、志愿服务等活动，培养学生的社会责任感和团队协作能力，实现教育“三全育人”的目标。

3. 遵循教育规律，必须培养堪当民族复兴重任的时代新人

培养堪当民族复兴重任的时代新人是“扎根中国大地办教育”的目标之一。培养什么人，是教育的首要问题。习近平总书记指出：“建设教育强国的目的，就是培养一代又一代德智体美劳全面发展的社会主义建设者和接班人，培养一代又一代在社会主义现代化建设中可堪大用、能担重任的栋梁之材，确保党的事业和社会主义现代化强国建设后继有人。”对于新时代的中国而言，扎根中国大地办教育，要培养堪当民族复兴重任的时代新人，这是党和人民赋予教育事业的伟大使命，是遵循教育规律、建设中国特色社会主义教育事业的最终目的。一方面，要科学准确把握和理解教育规律的内在要求。教育事业是一个复杂的系统工程，需要依靠教育规律来指导实践。只有深刻领会和把握教育规律，才能更好地指导教育活动的进行；只有尊重和遵循教育规律，才能更好地领悟“扎根”内涵，推动“扎根中国办教育”进一步发展。培养堪当民族复兴重任的时代新人，既是遵循中国教育规律、“扎根中国大地办教育”的美好结果，更能反哺中国大地，推动教育强国和中国式现代化建设。另一方面，要注重教育规律的科学运用，既要从教育活动的全过程来把握教育规律，又要在教育活动的各个环节中遵循教育规律。只有把握教育规律的全面性和系统性，才能更好地推动教育事业的全面发展。同时，也要灵活运用教育规律，既

要尊重教育规律的客观性和必然性，又要关注教育规律的灵活性和变化性。只有把握并遵循教育规律，才能更好地适应不同时代和环境的教育需求，才能将教育的“根”扎在中国大地上，才能“扎”得更稳、更深、更牢。

总的来说，扎根中国大地办教育，需要以党对教育的全面领导为根本保证，深入贯彻落实党的教育方针，紧密结合中国实际和时代特点，不断创新发展思路和模式，为建设教育强国和实现中华民族伟大复兴作出积极贡献。扎根中国大地办教育，需要以立足中国国情为基本出发点，坚持中国特色社会主义教育发展道路，服务中华民族伟大复兴。扎根中国大地办教育，需要以遵循教育规律为基本原则，坚持社会主义的办学方向，坚持立德树人的根本任务，努力培养堪当民族复兴重任的时代新人。“扎根中国大地办教育”的理念彰显着中国特色社会主义道路自信、理论自信、制度自信和文化自信。只有深刻理解、切实落实“扎根中国大地办教育”的三重理论维度，才能更好推动教育现代化，实现由教育大国向教育强国的发展，使中国特色社会主义教育事业行稳致远。

（作者分别系湘潭大学马克思主义学院教授、湘潭大学马克思主义学院硕士研究生）

“扎根精神” 与中西部高校文科的比较优势

周　骅

中西部高等教育是我国高等教育不可或缺的重要组成部分，是我国的战略内生力量，是民族团结和多元文化融合等重大战略所在。中西部高校的文科在“扎根中国大地办大学”的战略中，具有突出优势。中西部是中华文明的“发源地”，是多民族多文化交往的“战略要地”，是新时代“一带一路”建设的“前沿阵地”。中西部高校具有“文源深、文脉广、文气足”的特质，挖掘“扎根”内涵，弘扬“扎根精神”，依托硕学鸿儒、青年才俊，必能将“潜质”转换为“优势”，将“底蕴”转换为“底气”，实现中西部高校文科的创新性发展。

“扎根”有多重内涵，首当其一便是驻足一城，专精一域，成果精湛，谓之扎“学术之根”。《广雅・释诂》言：“根，始也。”探究根本、根源是基础学科的立身之本与核心要义。四川大学终身教授杨明照先生（1909—2003），字韬甫，著名文献学家。他毕生致力于中国古代文论及古代文献研究，钩沉索引，沿波讨源，义周虑赡，向以严谨精深享誉学界。尤其是对《文心雕龙》的研究，更被公认为划时代的成果，其本人亦被誉为“龙学泰斗”。在杨先生的开创与奠基之下，中国传统文论得以大放异彩，与西方文论形成鲜明对比。四川大学将中国文论实现了创新性发展，打造出具有中国风格与气派的比较文学“中国学派”。中西部高校，如杨先生这样腹笥深厚的大先生，灿若群星。他们以精深、精湛的学问，真正做到了“为天地立心、为往圣继绝学”。这些硕学鸿儒的成长，离不开中西部高校得天独厚的地域优势和人文底蕴。长江黄河起源于青藏高原，新疆、西藏、蒙古自古是多民族多宗教交流交融之所，三千年历史看陕西，五千年历史看山西。这都是中西部高校得天独厚的自然禀赋与人文优势。在中华民族走向伟大复兴的历史当下，厚重、诚朴的文化之根，能为民族复兴提供精神之魂，智慧之源。

扎根的第二层内涵，即深居地表之下，不求闻达，启迪后学，惠及士林。《说文通训定声》中云：“蔓根为根，直根为柢。”中西部的高等教育既承担着“为往圣继绝学”的使命，同时是人文教化的重镇、文化传承的要地。2023 年 6 月召开的新时代振兴中西部高等教育工作会暨教育强国战略咨询会公布的数据显示，目前中西部有高等学校 1465 所，占全国高校总量的 53%；在校生数量为 1334 万人，占全国在校生总数的 57%。与之形成鲜明对比的是，2022 年 2 月，教育部、财政部、国家发展改革委公布的第二轮“双一流”建设高校名单显示，中西部地区入选高校占比为 40%左右。中西部在校大学生全国占比 57%，中西部“双一流”建设高校全国占比 40%，从这两组核心数据的比较中可以很清晰地看到，中西部高校在一流学科建设上不占优势，但在人文教化、人才培养上却占据了“半壁江山”，居功甚伟。2022 年 5 月 17 日，教育部召开新闻发布会，高等教育司时任司长吴岩介绍了党的十八大以来我国高等教育改革发展成效，高等教育毛入学率从 2012 年的 30%提高至 2021 年的 57.8%。这也就意味着新时代我国的高等教育进入了大众化、普及化阶段。在此大背景下，中西部高校培养的大学生占全国比例超过了 57%，这充分说明中西部高校有一大批教师和研究人员在默默地支持着国家高等教育的发展。扬雄在《解嘲》一文中言：“攫拏者亡，默默者存……惟寂惟寞，守德之宅。”缺少一流学科的高校，并不意味着缺乏德才兼备、不计名与利、甘于寂寞的“宝藏”教师。而也正是这批教师的潜德微光和薪火相传，才有了续文化之慧命，育天下之英才。“涓流虽寡，浸成江河；爝火虽微，卒能燎原。”正是地表之下延蔓的根系，为地表之上的树干与枝叶输送养分，同时发达的根蔓，也是保持水土，滋养微生物不可或缺的摇篮。“树高千尺，其根必深”，扎根精神的第二维度就在于默默厚植于中西部的文化土壤之中，孕育出未来的希望。

扎根精神的第三层内涵，即是根深叶茂，开枝散叶，培养优秀专才，真正做到为党育人、为国育才。东汉王充在《论衡·超奇》有云：“有根株于下，有荣叶于上。”根深则叶茂，根深则有硕果。中西部高校一直是高端人才储备库、高级人才成长的“母体”。改革开放初期，兰州大学曾出现人才“孔雀东南飞”之窘况，这与当时市场经济条件下的利益驱动，中西部发展不均衡有关。但从另一角度也说明，以兰州大学为代表的中西部高校，在二十世纪八九十年代为祖国东部和南部的改革开放前沿阵地，输送了大量的专家、学者和新生力量。进入新时代以来，国内国际双循环相互交融、“一带一路”倡议深入推进，中西部也从相对闭塞的内陆变成了面向中亚、南亚、俄罗斯的对外开放的前沿，这为中西部高等教育开放发展带来了难得的历史机遇，中西部高校再次承担起人才培养的重任。发扬革命年代和建国初期的扎根精神，厚植学术根基，以创新精神推动科研创新，“一花开五叶，硕果自然成”。充分利用学缘、血缘和地缘优势，成长于中西部高校，建功立业于东部高校的专家学者，要善于搭建各类教学、科研平台，撬动发展的杠杆，将东部优质资源与中西部广阔的发展空间、发展机遇互联互通，实现人才回流，推动中西部高校与发达地区高校的均衡发展、互惠发展。

扎根精神的三重维度——专精一域、不求闻达、开枝散叶，既相互区别又彼此贯通。唯有不求闻达，方可专精一域；唯有专精一域，方能开枝散叶；做到了开枝散叶，才有中华文明的生生不息。同时，“扎根”精神以中西部高校为主，但这种精神是新时代全国所有高校培育“大先生”，成就教育家都应具备的共通精神。“扎根精神”在中西部高校，特别是人文学科表现得更突出，但她绝对不只是属于中西部，而是中华民族走向伟大复兴的文化密码、精神锁钥。

中西部高校要直面国家需求、人民盼望和未来趋势，努力建设成为优秀人才的培育基地、原创理论的创新高地。特别是中西部高校的人文学科，更有独到的优势，成为文化传承、人文教化和国际交流的前沿阵地，以自身的创造性转化、创新性发展助力现代化强国建设。

（作者系湘潭大学碧泉书院·哲学与历史文化学院教授）

第二辑　演讲篇

“弘扬扎根精神，凝聚湘大力量”教职工演讲比赛专辑

扎根湘大热土，不负心中热爱。扎根，是一种信仰，是一种磨炼，是一种生长。扎根在梦开始的地方，向下扎根，向阳而生。扎根是最长情的告白，深情藏沃土，青春谱华章。

生根·深耕

兰　浪

我是一个从 2014 年来到湘大、2018 年还在湘大、2022 年又再次进入湘大的帅气男孩。从 2014 年到 2023 年，从 15 岁到 24 岁，我在湘大也将近 10 年了。非常高兴能有这次机会来向各位前辈汇报一株小苗对扎根的崇敬与向往。我今天要讲述一位老人、一位楷模的故事，尽管大家已经耳熟能详，但他的故事我要继续讲下去，一直讲下去。他就是全国道德模范提名奖获得者、全国优秀教师、感动湖南十佳人物、湖南省优秀共产党员——沧南教授。

在中华人民共和国和沧老个人的时间表上，1977 年都是一个历史性的年份。这一年的 11 月，沧老提着一口大樟木箱子从武汉来了湘潭，成为湘潭大学复校后的首批援建者之一。从此，已过知天命之年的沧老，在湘大深深扎下了根。初创时期的湘大，条件非常艰苦。没有电灯、自来水，没有图书馆、教室，甚至没有教师宿舍。老师们分散住在附近农民家，夏天蚊子又多又毒，晚上备课就把双腿放在水桶里；冬天缺煤少炭，房间冰冷得似冰窟。就这样，湘大的这一批先行者筚路蓝缕，以启山林。沧老与来自全国近 100 所高校的 600 多名教师一道，头顶蓝天、脚踩黄土，一手扛锄头、一手执笔墨，一步一个脚印地艰苦创校，没有一句怨言，心中只有一个愿望，那就是牢记毛主席的嘱托，一定要把湘潭大学办好。

在长期的教书育人实践中，沧老 40 多年如一日，坚持不懈地开展毛泽东思想研究，生动诠释了对党无限忠诚、对人民无比热爱、对事业无私奉献的高尚品德。40 余年的坚守与开拓，如今，我校已成为全国毛泽东思想研究的“重镇”。一把竹藤椅磨得发亮，一张有虫洞的小书桌堆满图书，这就是湘潭大学东坡村 9 栋 3 单元 2 楼沧老的居室内景。他常在竹藤椅上、桂花树旁，静坐桌前读书写作。97 岁高龄的沧老利用 14 个月时间通读了 14 本唐宋诗集，共 410 多万字。他边读边写，每天坚持创作 8 小时，用那无法抑制抖动的手手写了近 20 万字的书稿。沧老正是这样，在平凡中孕育伟大，无需姿态，站在那里便能成就一场惊鸿。

从 1924 到 2023，在盛世将倾、临渊而侧的岁月里，沧老于风华正茂之年，爱国忧时、身先士卒，扶大厦于将倾；而在国泰民安、江山如画的时代里，他仍于“苍髯皓首”之际，与国执手、与国携长。“岁月不饶人，我亦未曾饶过岁月”，这是沧老一生的真实写照。多年前与学生一起种下的小树，今已亭亭如盖矣。大树的根在湘大，沧老的根亦在湘大。他在《深深扎根于湘大》一文中概括出对学校的三感：“一是自豪感；二是责任感；三是自尊感。”文中特别指出：“要使别人尊重湘大，作为湘大人的我们，首先必须爱护湘大、尊重湘大，说得具体一些：一是绝不向别人低头弯腰说湘大不如其他学校，二是绝不容许别人歧视湘大，恶意贬低湘大。不利于团结的话，绝对不说，有损湘大形象的事，绝对不做。”沧老的根是湘大，湘大的根也正是这一代代像沧老般赤诚奉献、皓首不移的湘大人。

理想至上、信仰至上，这是沧老留给湘大人无上的精神力量。“湘如故，大若天”，沧老，请您放心，作为新时代的湘大人，在建设“双一流高校”、推动学校高质量发展的新征程上我们也必将深深扎根、枝繁叶茂，以青春之我建设青春之湘大。

（作者系湘潭大学创新创业学院老师）

小姑娘与大先生

林　晨

今天，我想跟大家分享一个小姑娘的故事。走进文科楼114会议室，桌子上放着的是4本教材以及整整6册、20多万字的教学督导材料，这是她大半辈子的心血。她叫余新民，今年68岁，是湘潭大学商学院的一名退休老教授，也是那一批代培青年教师中唯一一位扎根湘大的女教师，这是她人生中第一次接受采访。

采访前，她担心自己拍照不好看。我说：“您放心，我给您化个美美的妆，保准像个小姑娘一样!”她被我逗笑了，眼睛眯成一钩弯月，恍惚中，我仿佛看到了21岁的她。

1976年，为支持湘大复校，国务院批准由部分名牌大学代替培养一批湘大青年教师，21岁的余新民获得了韶山仅有的2个名额之一，在父老乡亲的欢送下，满怀憧憬地坐上拖拉机。可是，展现在她面前的竟然是大片的黄土地，没有一栋楼房，甚至连一棵高点的树都没有。余新民崭新的蓝色布鞋上沾满了泥巴，一群人在荒山上越走越慢，再也没了起初的精气神。晚上，他们在老汽车站的临时工棚里吃饭，在校门口的粮店里打地铺过夜。她睡不着，又起来，在这个幻想了千百次的校园里来回走了很久。

韶山到湘潭有多远？远到近4个小时路程颠簸，可也很近，近到一个决心，一个念头。

"您后悔过吗?"我问她。

"人生啊，太重要了，都是哆哆嗦嗦决定的。可是既然决定了，就要坚定地走下去。"

从复旦大学代培归来，湘大已经建起了南山阶梯教室和成排的学生宿舍，余新民兴奋地穿上早就熨好的白衬衣，又挑了件最好看的碎花裙，留下了这张青涩的照片。前辈们对她要求很严格，让她每节课至少要写 4000 字的教案，还要重点难点结合、案例数据并举，可是她没有半点埋怨。这一写，就是 40 年。从手写到打字，她撰写的教案、PPT 累计数百万字。从 1991 年至 2020 年，她连续 30 年在经济学专业新生入学教育大会上发言，她说："我想以自己的故事，让第一次接触这门学科的孩子们体会到经济学的魅力。"

80 年代经济学系的学生，最熟悉的除了经管楼朗朗的读书声，还有一间"学生用品商店"，而它诞生源于一个偶然的夜晚。"那时候的孩子都穷啊，晚上敲门来找我说没有钱，我就在抽屉里找钱，没有学费我就垫付我的工资，可是授人以鱼不如授人以渔。"在她的鼓励与帮助下，学生们通过变卖废旧书籍、打扫食堂以工促学，甚至利用学生宿舍值班室，办起了全校第一个"学生用品商店"。这样的事情太多太多了：给胃出血的孩子煮粥煲汤；为突发疾病的学生广泛募捐；为就业困难的学子前后奔走……她用爱和责任哺育着一代又一代的商院学子，她说："湘大是无私的，经济学是博爱的。"

小姑娘成长为大先生，大先生又变回了小姑娘。上个月，在湘大老科协 30 周年文艺汇演上，余老师一袭红裙笑颜如花，与她共舞的还有 26 位退休老教师，她们蹁跹飞扬的红裙仿佛掀起的是那个激情燃烧的岁月。而此时此刻，余老师就坐在那里，她正在听我这个小姑娘讲述着她的青春故事。

时隔 47 年，宏伟的发展蓝图已经变为现实，昔日的荒土坡变成了美丽的现代化大学城，老一辈湘大人将青春、热情乃至信仰扎根于这片土地，而新一代湘大人正积蓄力量，砥砺奋进，不论是过去、现在、将来，你听，我们从未后悔。

（作者系湘潭大学商学院老师）

脚踏莲田， 逐梦九天

冀志宏

有这样一名老师，从1992年至今，扎根湘大31年，他常年与“泥巴地”打交道，也能把科研做得“高大上”；他把研究工作做到了绿色荷塘的田间地头，也做到了九天之上的宇宙空间；他是学生心中的好老师，也是湘潭莲农口中的好榜样！他就是湘潭大学机械工程与力学学院马秋成教授。

今天就让我以一名讲述者的身份，为大家讲讲他的“宝藏”故事。

脚踏莲田：他的使命是服务地方

出生于湘莲产地的马秋成，注定与“莲”结下不解之缘。缘分，要从2009年说起。

那年夏天的一个下午，马秋成的工作室外，一阵急促的敲门声响起，一位当地莲农倚在门边略显局促地说：“马教授您帮帮我们吧，过去我们给莲子去心都是靠手工，现在莲子种植规模越来越大，工人却愈发难找，能否帮忙设计一种全自动的去心机械呢?”面对这位朴实憨厚莲农的请求，马秋成没有丝毫犹豫，满口答应下来。于是从2009年至今，马秋成从方案设计、出图、到零件加工，凡事都亲力亲为，从莲子加工机械“零基础”到“行业领头羊”，成功研制出三代莲子去心机和开边机，中央电视台先后两次对他进行了专题报道。

现在，马秋成又有了新的梦想——研制莲蓬采摘机器人。有人问马秋成“为什么这样执着于湘莲加工?”他回答说：“高温季节，采摘莲蓬是最辛苦的工作，现在都是60岁以上的老年人在干，10年、20年以后，又让谁来摘莲蓬呢?”

这份来自乡土的质朴情感，支持着马秋成在传统产业的技术升级中越走越远。

逐梦九天：他的征途是星辰大海

在莲子加工机械研制上取得成功的同时，马秋成还将眼光从“地里”瞄准到了“天上”。

马秋成的航天缘始于2013年的一场招聘会。当时马秋成受托帮助一家企业完成对航天服电控台的工业设计任务并受邀一同前往北京汇报方案，正是这次机缘巧合，中国航天员科研训练中心的科研人员记住了马秋成，双方的合作也自此开始。

2013年11月，马秋成赴北京取项目任务书和招标函，当他看到任务书上项目名称为“空间站‘飞天’舱外服工业设计”时，心头为之一振。经过50多天的连续奋战后，马秋成组建的团队凭借出色的设计方案成功中标，从此我校工业设计步入载人航天领域。

2014年以来，马秋成带领工业设计团队，承担了国家载人航天工程“空间站飞天舱外服”等系列工业设计项目。2021年6月，随着神舟十二号载人飞船从酒泉卫星发射中心成功发射，马秋成不禁仰望星空发出感叹：“历时8年，看到设计成果能亮相太空，我们整个团队都非常振奋、自豪!”

尽管每一个项目马秋成都呕心沥血，但每每谈及功劳，他总是说：“活都是他们干的，我只是一个带路的。”马秋成淡泊名利，他想的只是：人生一辈子，总要做点有意义的事儿。

其实，在湘大还有许许多多像马秋成老师一样扎根伟人故里，坚持为党育人为国育才的优秀教师，和他们接触越多就越被他们身上的“扎根”精神所折服。

“大木百寻，根积深也；沧海万仞，众流成也。”作为学生成长的引路人，要学习“扎根”精神，懂得根深才能叶茂的道理，只有把为学生服务的根扎得越深，学生成长的道路才能越“枝繁叶茂”。归根结底，“扎根”就是要坚定理想信念，扎“信仰”之根；练就过硬本领，扎“技能”之根；牢记艰苦奋斗，扎“实干”之根。扎根于自己的本职工作，扎根于自己的职责使命，扎根于自己的服务对象。以“扎根精神”脚踏实地、真抓实干，眼睛向下、脚步向外，脚下多沾泥、身上多沾灰，把小我融入大我，把小家融入大家，把个人理想融入家国梦想，才能为党和国家培育更多德智体美劳全面发展的社会主义合格建设者和可靠接班人！

（作者系湘潭大学机械工程与力学学院老师）

潜心育人，努力“扎根”

喻　柳

总有一些时光，孤独坚守，但心中有方向；总有一段路程，艰难前行，但脚下有力量；总有一种姿态，平静淡然，但坚韧挺拔。这，便是扎根。

在最美的青春，遇见湘大，已是第十个年头。千言万语，时光且长。而立之年，洒脱和任性明显收敛，多了几分三思而后行。关于人生、关于职业、关于扎根，我慢慢地也有了自己的领悟。

扎根，是一种信仰

扎根，不是“井里的葫芦”，而是一种精神境界和行动指南。

不忘初心、牢记使命，扎根伟人故里，把学校办得更好、更有特色，是60周年校庆之际，习近平总书记对湘大的重要批示精神。我们的扎根，早有源头。翻开折叠的时光，一张张泛黄的老照片诉说着岁月的痕迹。荒山起家，劳动建校，实干兴邦，于土坡上建起了一座一流大学。这是一代代湘大人扎根湘大的动人故事，更是一种追求理想、以校为家、潜心育人的崇高信仰。

还记得第一次与湘大见面，印象并不那么深刻，学校条件也很普通。后来的工作、生活中，我见证了学校翻天覆地的变化，也聆听了许多湘大故事，沧南老师的党课，李寿佛老师的座谈会，曾子其老师的育人故事，一桩桩、一件件，我看着、听着、感受着，久而久之，信仰的种子便在心中萌了芽。

扎根，是一种磨炼

扎根，不能“躺平、佛系”，而要以“赶考”的心态积累量变。

合抱之木，生于毫末；九层之台，起于累土。潜心育人，是一件漫长而又艰辛的事业，其中必然会经历无数挫折、考验和起伏。奋进新征程，时代的“考卷”常出常新，育人的使命越担越重，扎根的过程势必也会越来越难。

这是我的女儿，今年 4 岁半，一个普通晚上，我去加班，她在楼道口陪我等电梯，嘴里一声声念着“妈妈拜拜，妈妈拜拜……”电梯来得着实有些慢，我等着等着竟红了眼眶。21 年夏天，先生因工作外派，仅用了 3 天，他就把他的脚步向西移了 2000 多公里，登上了雪域高原，转眼已近两年。

离开省会，登上雪山，是他的追逐；背对孩子，面向学生，是我的选择。在平凡岗位中淬炼成长，让每一步都奔走在自己的热爱里。我们，只是无数青春奋斗者的一个小小缩影。我们，都在尝试“扎根”，这个过程可能很难，也许还很久，但我想我会坚持，因为我还有力量，还有方向。

扎根，是一直生长

扎根，不是“机械重复”，而是在厚积薄发中破土而出、抽穗扬花。

上个月初，我收到两条消息，毕业一年后两名同学不约而同发来考研上线的喜讯。“老师，我没有给咱支部丢人!”这是其中一句，令我自豪又感动。

世间万物，成长最美。作为一名辅导员，我们的工作常常与“保姆”“万金油”等词相提并论，但我却认为远远不仅如此。学生，是我们的“源”和“本”。育人一线，对思政工作者而言，我们的扎根，应该体现在回答好“为谁培养人，培养什么人，怎样培养人”这个时代之问上。我们的扎根，是为了让信仰的种子在学生心中扎根。

根系向下，是自然的选择；我们扎根，是生长的追求。这个生长，是自身锚定专业化、职业化目标的极致追求；更是悉心育人、成就学生的奋力托举。

不问花开几时许，只以浅笑安然对。熬得住孤独万丈，藏得住星辰大海。

以踔厉奋发之姿，以扎实斐然之绩，以激扬奋斗之名，以无私清澈之爱。

向下扎根，向上生长，潜心育人，让花成花，让树成树。

我的演讲完毕，谢谢！

（作者系湘潭大学物理与光电工程学院老师）

二千四百四十公里外的驰援

孙清平

墙角数枝梅，凌寒独自开。

在郑必清老师的家中，摆放着一个古朴的立柜，上面雕刻的梅花，傲然独放。这是郑必清、杨静婉夫妇刚调到湘潭大学支援建设时的家居，这朵傲梅，记载了一段青春，见证了一个时代，也目睹了他们近半个世纪的坚守。

1976 年冬天，郑必清带着女儿回湖北老家过春节，在返回途中听说湖南有个湘潭大学要复校，正向东北师范大学请求支援教师。得知这个消息，郑必清有点心动了。然而妻子杨静婉是土生土长的东北人，她是否愿意离开生活环境优越的长春，去往一切未知的湖南呢？杨静婉稍作考虑后同意了。

可随后获得的信息又让郑必清感到不安。他特意跑到东北师大图书馆查询资料，却发现在旧的计划经济体制下，与省会长春相比，湘潭在教育、医疗、环境等各方面都差了一大截。到底还要不要去？郑必清心里犹豫了。

而此时的杨静婉却非常冷静和坚定，“既然说了要去，那我们就去，不管条件怎样，我们是去建设毛主席家乡的大学！”

建设毛主席家乡的大学，一份初心，半生坚守！

当他们从两千四百四十公里外的长春来到湘潭大学时，眼前的一切却让他们惊呆了：一片黄土地，杂草丛生，没有教学楼，没有图书馆，甚至没有教职工宿舍。他们在附近的农民家住下，农屋简陋，冬天外面下大雪，屋内飘雪花。

当年，与郑必清夫妇同一批前来湘大支援的东北师大教师总共 12 人，每个人都经历着“从天上掉到地下”的环境转变。但即使在最艰难的时刻，他们也从未想过放弃；在压力最大的时候，他们也绝不犹疑。把毛主席家乡的大学建设好，是他们共同的心愿；到祖国最需要的地方去，更是那一代人的集体选择。

对于郑必清和杨静婉夫妇来说，湘大人经历过的辛苦，他们的体验是双份的；湘大人感受到的快乐，对于他们来说也是双倍的。郑必清老师和经济系主任尹世杰带领团队潜心研究，于1983年出版了我国第一本消费经济学书籍——《社会主义消费经济学》，使当时的湘潭大学成了全国消费经济理论研究中心；杨静婉老师也荣获了“湖南省教育系统‘巾帼建功’标兵”荣誉称号。

有一种浪漫叫并肩作战，有一种纯粹叫全力以赴，有一种坚守叫扎根湘大！回望过去，满是静水流深的情义和雷霆万钧的担当，让人感动于心，感激于情。

他们的故事只是那个时代支援湘大建设的600多名教师的一个缩影，他们是湘大当之无愧的开创者，是湘大精神的传承者，更是这片热土最忠诚的捍卫者。

星光不负赶路人，曾经的那一片荒山，如今已是一片繁荣！今年是我在湘大工作生活的第十二个年头了，我在湘大遇到的每一个人，都是对湘大精神最好的诠释。他们感召着我，点燃了我，我也愿如一颗火种，去点燃更多的人。

六十多年前，老一辈湘大人扎根红色沃土，用信仰的光芒照亮了后人的心灵。今天，新一代湘大人必将承接这一跨越时空的扎根精神，凝聚磅礴力量，书写时代华章！

（作者系湘潭大学党委办公室、校长办公室老师）

扎根湘大热土，不负心中热爱

祖丽呼玛·艾合买提

2018年，我跨越2763公里，告别了陌上草原新疆，来到了伟人故里湘潭，开启了与湘潭大学的美妙缘分。

在这一年，我迎来了我的第一批学生，成了“00”后孩子的“95后小家长”。我曾在雨夜开导和我一样在异乡孤单不安的藏族学生，帮助他们解决学习和生活中的难题；我曾收到过学生的认可和肯定，感受着作为一名辅导员的幸福；我也曾在深夜辗转难眠，陷入是否能胜任好这个岗位的自我怀疑中……直到今天，我已在湘大度过了五年时光，在这五年里，我见证了自己的成长，也对湘大产生了深厚的感情。

一位伟人，一纸校名，一句嘱托，一座大学。2018年走入三拱门的我，或许比以往任何时候都更能理解“扎根”精神。这一年“她”迎来了她的甲子生日，也收获了一份“特殊”的祝福——习近平总书记对学校作出重要批示，扎根伟人故里成了全体湘大人的共识。那一年，我在辅导员前辈的带领下走进校史馆，梦回了那个“荒山起家、劳动建校”的峥嵘岁月，草棚之中、煤油灯下，是湘大人在不舍昼夜地苦读，呕心沥血地“赶路”。2022年，湘潭大学入选“双一流”建设高校，这意味着湘大迎来了更新、更好、更大的发展机遇。作为新时代湘大人，我们更应心怀梦想、脚踏实地，践行前辈们以身作则的“扎根精神”！而对于我来说，我的扎根，就是紧紧握住前辈们传递给我的接力棒，是扎扎实实做好组织交给我的每一件事，在组织需要我的时候，付出自己最大的努力！

习近平总书记曾多次强调，要不忘初心、牢记使命。对于我来说，我的初心，是在新疆克州进行暑期社会实践时，哈萨克族小朋友放在我手心的那只千纸鹤，是中秋佳节我与学生一同望向的那轮明月，是琴湖的蛙声，是美食的香辣味儿，也是湘潭多情的雨季。我永远会记得，离开家的那天，母亲跟我说的那句：“你不仅要成为一名好老师，更要努力成为民族文化的交流使者。”她的叮嘱，是我扎根在辅导员岗位的奋斗目标。今天，湘大有来自不同地区的3276名少数民族学生，他们陪我走过了1800多个日日夜夜。来到这里的第一个中秋，我与土家族学生品尝了湖南的月饼；在民族节日里，我会带着手抓饭与家乡的学生共同欢聚；去年的毕业季，我与回族小伙李想登上了舞台唱起了民族小调。我见证着这些孩子的成长蜕变，也见证着不同民族的文化在同一片土地上共同绽放。

当辅导员的年轮在我身上划过了五个圈，当我与学生的合影遍历了校园的每一个角落，我的初心，早已深深地刻在了湘大的每一寸土地上，在湘江水的滋养下积蓄生长。习近平总书记曾说过：“现在，青春是用来奋斗的；将来，青春是用来回忆的。”青春，是无惧风雨的朝气，是不断向上走的志气，湘大前辈们是如此，作为新生力量的我们亦是如此！

以身许校，以情育人。在湘大这片土地上，我愿做一粒种子，不断向下扎根。或化作小花向师生吐露芬芳和笑容，或成为大树，为校园增添绿意和生机。蓄力以“敢想敢为、善作善成”之姿破土而出，向上生长。

（作者系湘潭大学学生工作部老师）

做湘大“青苗”，谱青春华章

朱嗣杰

九年前，身患重病的外婆告诉我，如果有机会，她一定要亲自去主席的家乡看看。我来自湖南邵阳的一个小山村，去主席的家乡看看是这个村里一半老人的梦想。从村子到湘潭总共176公里，需要花费80块钱的车费，而正是这80块钱让省了一辈子的老人把梦想和自己一起埋进了土里。2014年12月27日，外婆因病去世，去主席的家乡成了我和外婆之间的一个约定。

三年前，我从母校毕业回到家乡成为一名选调生，我把青春的两年挥洒在家乡的田间地头上，服务期满后，我辞去了公务员身份，回到母校成了一名普通的辅导员。许多人问我：“这个辅导员到底有什么魔力？让你背井离乡，让你放弃仕途。”

成为辅导员的第100天，我收到一个包裹，包裹来自永州市江永县的一个偏远山村，寄件人叫王三女，是一个没上过一天学的农村妇女，包裹里装着的是这个家唯一拿得出手的东西——30斤花生。女人的儿子今年18岁，是村子里走出来的第一个重点大学生，同时也是一名严重的强迫症患者。医生告诉我，如果孩子不及时接受治疗，随时会有自杀的风险。那天，我花光了刚到手的一个月工资为孩子垫上了住院费用，并且为他申请了助学金。一个月后，我收到了30斤洗得干干净净的花生，电话里这位母亲告诉我：“今年的收成不好，家里没有什么拿得出手的东西，花生洗得很干净，也晒好了，可以放很久，这是我们全家的心意，老师，您一定要收下！”这三十斤花生是我在自己热爱的岗位上收获的第一份礼物，这个平凡的家庭让我看到了这个普通岗位最大的魔力。

比赛前的一周，我在化学学院的教室里采访了74岁的邓建成教授。今年是他在湘大扎根的第44个年头。退休的十余年里，邓老自费走遍了大大小小的企业工厂，将最新的技术和科研成果整理成册，义务传授给他深爱的学生。

我问他：“是什么让您在湘大坚守了 44 年？”邓老给我讲起了当年的故事。30 年前，一位从大山里走出来的女学生敲开了他办公室的门：“邓老师，我要转专业，化学改变不了我的生活，更改变不了我的未来。”女孩斩钉截铁的话语让邓老深切体会到实践对于理工科学生的重要性。为了让学生更好地步入社会，他花了 3 年时间自学“技术经济分析”，创新出了《新产品开发与技术经济分析》课程。很多同仁说他不务正业，这个倔强的老头却用结果告诉所有人：这条路不仅不是不务正业，而是在帮助学生走一条科学、有用的路。

2011 年邓老主编的教材被评为“湖南省高等教育 21 世纪课程教材”，当年那个斩钉截铁要离开化学专业的女孩也凭借自己的发明创造捧回了国家商业科技进步三等奖的奖杯。“教育，不仅仅要让学生走出黑暗，更要让学生闪闪发光。”这是我，一个走上辅导员岗位 247 天的新人从邓老身上学到的最宝贵的一课。

当代青年要走好新时代赶考之路，这张时代的答卷，考的不仅仅是天资聪明，不仅仅是能力大小，更是一颗默默驻守、甘于奉献的心。在我脚下的这片土地上，一代人来，一代人走，他们用无悔的青春书写着湘大 65 年的光辉岁月。在这 65 年峥嵘岁月里，我会记住 2014 年的夏天，外婆临终前的梦想；我会记住那个金秋九月，一位母亲送给我最珍贵的礼物；我会记住一位位秉持初心、默默驻守的湘大人和他们的故事；我更会记得 65 年前，主席在家乡的大学传承的希望与未来。今天，站在英雄的土地上，我愿坚守基层，不负青春，不枉韶华。

（作者系湘潭大学化学学院老师）

扎根湘大， 向阳而生

王飞燕

这是一场心灵的隔空对话，这是一场信仰的精神续接。

2001年3月17日，国家自然科学基金委员会举办的重点项目鉴定会上，一位年逾古稀的学者坐在轮椅上用颤抖的声音向与会专家报告“含缺陷流变物体的材料破坏理论”这一课题的研究进展。他一边报告，一边用饱经沧桑的手按压着疼痛难忍的肋骨神经，神情坚毅而专注。这位老教授的汇报深深吸引并打动了会场的每一位专家。

坐在轮椅上的这位学者就是我国流变力学创始人袁龙蔚教授。1979年，袁先生婉拒了多个待遇丰厚、环境优渥单位的邀约，毅然选择了当时正值复校初期、地处荒山野岭的湘潭大学。初来湘大时，袁先生已然是流变学领域的大先生。然而，对湘大、对科学和对祖国的热爱，让他始终无法停下奋斗的脚步。即便在古稀之年，身体抱恙，他仍扛下了“含缺陷流变物体的材料破坏理论”这一国际前沿课题。1998年3月，袁教授不慎摔伤双腿，医生要求他进行为期至少两年的治疗。但在科研与复健之间，他毅然选择了前者。此后，袁先生坐在轮椅上，仍是夜以继日地进行课题攻关。长期的劳累使他的身体每况愈下，肋骨神经疼痛不断加重。为了如期如质完成重大科研项目，他一手压住肋骨，一手继续写作，就这样，日复一日，在与病魔抗争、与科研共舞中度过了四个春秋，在轮椅上出色地完成了重大科研攻关，写就了享誉学界的《含缺陷流变性材料破坏理论及其应用》这一巨著。回首这些常人难以企及的经历，他却表现得非常淡然，他说：“这是祖国的需要！”

“七十年人生风雨亦真亦幻人间万情入心中，半世纪拼搏耗散亦流亦变湘大园内续春秋。”这便是袁教授最真实、最生动、最无悔的人生写照。

打开湘大 60 多年折叠的时光，我们不难发现，湘大涌现出了一大批像袁龙蔚教授一样的大先生。初心、使命、扎根、坚守是他们鲜明的人生标签；追求真理、严谨治学、兼容并包是他们独有的精神品格。师者如光，微以致远，这束光，照耀后学砥砺前行。

如今，科研和育人的接力棒传到了我们的手上。初出茅庐，站在湘大老一辈的肩膀上，我们要摒弃浮躁，用科学研究的“源头活水”丰盈教学的根系，激发学生们向上“摘星”的热情和创新意识。或许，科研的路总是崎岖坎坷，微凉且苦。作为一名科研小青椒，我仍记得第一次被拒稿时的失望和沮丧，第一次撰写项目申请书时的煎熬与焦虑。但是我相信，人生没有白走的路，每一步都算数。所以，我不怕自己走得慢，只有努力向下扎根、向上生长，才能不惧风雨，行稳致远，才能像袁先生那些湘大前辈一样，带领学生做扎根中国大地的学问。

我时常告诉自己，要怀抱希望和梦想，但我从来不敢自诩将来必定能成长为参天大树。现在，我更愿意做湘潭大学这棵大树下的一条根须，向下扎根，吸取养分。我坚信，在某天，在某个阳光明媚的清晨，在某个枝丫上，一定会有因为我的努力和坚持而盛开出来的一朵绚丽之花！

谢谢！

（作者系湘潭大学土木工程学院老师）

我和我的导师

刘　娜

今天我想和大家说说我和我导师的故事。

扎根湘大——我们的选择

2012 年—2018 年，我在湘大完成硕士和博士阶段的学习；2021 年，我从浙大博士后出站，以副研究员身份入职湘大。当时很多人问我，为什么选择回到湘大？我说，这里有我的恩师，我人生的引路人，她的名字叫葛飞。

30 年前，刚从北师大化学系本科毕业的她，本可以和大多数同学一样选择留京。但伟人家乡的红色感召和父母作为教育工作者的言传身教，使得她毅然选择回到家乡，投身教育，如一颗桐树种子着生在这片土地。

来到湘大后，她选择在湘大分析化学专业读研。三年的学习使她认识到自己的知识储备远远不够，于是师从浙江大学朱利中院士读博。三年后，带着在浙大学习的丰硕成果，葛老师再次回到了湘大。她说“我深爱我的故土，我不能忘记支持我读书的同事们，为了湘大环境学科更好地发展，我应该回到湘大。”

一份春华，一份秋实。博士后出站的我，也如当年的老师一样，选择了扎根湘大，扎根于挚爱的土地，扎根于热爱的教育。

争创一流——我们的使命

在葛老师身边求学，她时常教导我们，要把优秀当成一种习惯，追求卓越，争创一流。她是这样说，更是这样做的。

2016 年，环境与资源学院成立，她成为湘大理工科学院首位女院长。她带领学院团结奋进，砥砺前行，在短短几年间实现了一个又一个突破：环境科学与工程一级学科博士点和博士后流动站获批、环境工程和环境科学入选国家一流专业、首个省教学成果一等奖获评、首个国家自然科学联合基金重点项目立项。

葛老师矢志奋斗、争创一流的精神感染着我，熏陶着我。在外求学的这几年，我一直告诉自己：我是湘大毕业的博士，要为母校争光。我在院士团队开辟了新研究方向，发表了高水平论文，拿到了人生中第一个国家级项目，并在第二年直接晋升为副研究员，成为浙大第一个博后在站两年就晋升副高的人。正是葛老师的率先垂范，让我能够一步一步成长为理想的模样。

育人不倦——我们的初心

把教书育人视为终身职责，是葛老师矢志不渝的追求。她说：“我最喜欢的称呼是‘葛老师’，与学生在一起是我最快乐的时光。”

因材施教，让每位学生成为最好的自己，是葛老师始终秉持的育人理念。在葛老师的办公室里，有一面照片墙，精心收集了她每一位研究生的照片。每每有学生回来看望，她就会骄傲且开心地对着照片聊起学生们的近况，哪位学生晋升教授了，哪位学生入选人才计划了……

不仅如此，葛老师还用女性特有的体贴细心关爱着每一位学生。她知道我有午休的习惯，特地为我挑选了一张紫色沙发床，放在我的学习室；记得有一次生病，她还特意熬了猪肚鸡汤给我补身体。每当我回忆起这些点点滴滴，就感觉心里特别温暖。

在第一教学楼侧，桐树深深扎根，每年五月前后，桐花花开静谧无声，葛老师就如这桐树桐花一样。有师如此，何其幸哉！无以言表，感念于心！我也将传承葛老师扎根教育的精神，坚守在湘大这片教书育人的沃土，如桐花般绽放最美的芳华！

（作者系湘潭大学环境与资源学院老师）

扎根是最长情的告白

向润源

有这么一群人，退休不褪色，让科研繁花绽放于湘大沃土；有这么一群人，在“夕阳红”的映照中熠熠生辉，打造了湘大老科协这一“金字招牌”。

今年春天，我因采访与老科协结缘，了解了李寿佛、刘业超、邓建成等老一辈湘大人的故事，被他们扎根湘大的情怀深深感染，写下了老科协成立30周年的长篇通讯《人间最美夕阳红》。

一场相遇，坚守一生初心

人生之美，始于初见。在一次次深入的采访中，我读到了老教师们初到湘大的故事。

1976年，是李寿佛老师与湘大相识的开端。即使借住在农民家里，饱受蛇虫鼠蚁的侵扰，即使用井水煮的“黄泥巴饭”难以下咽，他也无怨无悔，将一颗颗数学的种子播撒进“黄土高坡”。

他说：“安宁岂能忘过去，埋头苦干造明朝。”尽管快到耄耋之年，他仍坚守在数学院304办公室，紧盯着电脑屏幕，一个字一个字地敲打着。

一次，一名同学推开办公室的门，看到李老师正在指导其他学生，她就在一旁等候，随后的个把小时里，老师一直在答疑解惑，竟全然不知她的到来。细节之中，我看到了一颗赤子之心在燃烧。

青山不改，绿水长流。老科协里，初心如磐的奋斗者还有很多很多，是他们，诠释了“牢记嘱托、艰苦创业、追求卓越”的湘大精神。

一路前行，攀登一座高峰

去老年活动中心采访，需要爬上139级台阶。我不禁联想，这是否是老教师们步履不停、矢志向上的象征呢？

1999年，刘业超老师告别讲台，但他并没有止步于此。他足足用10年的时间，潜心撰写《文心雕龙通论》。在准备过程中，他花费6个月，看遍2800篇论文，多次前往湖北、广西等地收集资料。“千淘万漉虽辛苦，吹尽狂沙始到金”，每晚12点以后才休息的他，终于写就170余万字的著作。

做学问虚心谨慎，做人虚怀若谷，是他的真实写照。他深情地说：“我们是一滴一滴的水，但都是大海的水，是大海的价值成就了每一个水滴的价值。”

老科协的“水滴”们汇聚在一起，日夜驰骋在学术天地里，出版著作、发表论文、完成科技项目……科研的灯塔，在他们的守护下，薪火不息，越发明亮。

一段故事，影响一代新人

4月19日，我收到邓建成老师的一条短信，内容是邀请我参加他主讲的创新创业讲座，并聊一聊关于老科协的事。后来，我才知道，他的创新创业课程在1996年就已开设。

原来，老教师对年轻一代的悉心培养，是那么执着，那么无私。

而我，一名去年新入职的教师，通过老科协这个“窗口”，对湘大、对湘大人、对扎根精神，有了更深入的感知与认同。

当我近距离拍摄他们的生活日常，我被老当益壮的风采所吸引；当我参与制作他们的活动视频，我对"师者"二字更加怦然心动。我想，这就是湘大教师、湘大新闻人应有的使命感、神圣感吧。

流水带走光阴的故事，而扎根是最长情的告白。我将带着老科协馈赠的经验与感动，用好手中的笔、眼前的镜头，让湘大魅力得以展现，湘大故事得以传颂，湘大精神得以弘扬。

谢谢大家！

（作者系湘潭大学党委宣传部老师）

扎根在梦想开始的地方

肖　亮

6 路公交、三拱门、外语楼，是我 2012 年 5 月从武汉赶来湘大参加面试与试讲的那段记忆里，印象最为深刻的三个地方。

第一次乘坐湘潭的 6 路公交，看不到武汉公交站台上的你推我挤，上车井然有序、投币也显得优雅从容。一上车就有座，一坐便能直达校门口，这种久违的“顺畅”让我瞬间对这座陌生的城市、这所陌生的大学产生了莫名的好感。

在那个炎炎夏日，我穿过三拱门，四处问路，最终找到与百度百科图片几乎一样陈旧、简陋的外语楼。但当我走进那刻满斑驳岁月的楼道，通过墙壁上褪了色的海报，我看到了这里众多的名导名师。我停下脚步认真阅读老师们的简介，如同品味着他们各自的人生故事。虽然风格迥异，却都凸显了同样的主题——那就是坚守，坚守在湘大外语楼这个阵地，不离不弃。他们几十年如一日，坚守在教学一线、科研一线，从未动摇。

外语楼的“表里不一”让我瞬间心生惭愧。我再一次深刻领会到陋室铭中那句“山不在高，有仙则名；水不在深，有龙则灵。”我对湘大外院的感觉，在那一刻，如同在相亲会上发现，对方虽然没有千篇一律的好看皮囊，却有着一颗万里挑一的有趣灵魂，让人满是惊喜。在那一刻，我的心情是敬畏的，也就在那一刻，我很想留下来，就像一颗种子掉下来，拼命地寻找适合它成长的土壤。

那天晚上，从湘大毕业的大表哥给我打来电话，询问面试结果，我很自豪地说：“这能难倒我吗？还记得小时候那广告词怎么夸我来着？”“哈，全国销量第一，销量遥遥领先。”我们都笑了，怀着对未来美好的憧憬，笑了。

第二天启程返回武汉。临走前，喜出望外的我游览了画眉潭、二田、美食街。让我印象深刻的除了校园里世外桃源般的美景，还有一条让我激动了好几个月的小道消息——离开湘大时在东门偶遇了几个热情的大学生，他们特别真诚地告诉我，新进老师好像都住在体育馆对面的大学里小区。我不得不承认，那一刻，我彻底沦陷了。究竟是什么样的缘分让我和湘大相遇？

如此种种都让我决定，我的一生也定将驻守于此。

入职报到那天，谣言不攻自破。我没有住进那个小区，被安排在了东青教师公寓。英语中有一个词，叫 the second best option，表示仅次于最好的选择。湘大对年轻教师的关怀从来都不是 the second best，从学校到学院，每一个驻守在这片土地上的人都在用行动感动着我们、感染着我们。从那时候起，我坚信，我将在这里继续成长，发挥自己的价值。

文卫平教授　胡强教授　舒奇志教授　杨华教授　刘飞兵教授

在外语楼工作的那些年，我认识了文卫平教授、胡强院长、舒奇志院长、杨华教授、刘飞兵教授等优秀楷模，他们扎根伟人故里数十载，在三尺讲台践行初心使命，以强烈的责任感和事业心扎根外语教育事业，以匠心育人，勤勤恳恳，默默耕耘。他们用行动证明了“志不强者智不达”。他们的经历告诉我，人生之路从来没有最优解，步步最优，未必全局最优，埋头实干方能扎稳事业之根。

我的老师曾经对我说，毕业后的人生还会面临许多选择。在选择和适应了新的环境以后，要沉得住气，抓住滋养生长的最佳时期，成为骨干，独当一面，更要不忘初心。只要坚持沉淀，定将有所作为。这番毕业寄语我一直铭记于心。2016 年是我入职湘大的第四年，在学院领导的鼓励下，我辞职回到武汉大学，继续深造学习。2022 年博士毕业后，时隔六年，我再一次坐上 6 路公交车，步行穿过铜像广场，穿过三道拱门，来到依然那么陈旧、那么简陋，却又那么温暖的外语楼，熟悉的他们，都还在。

谢谢大家！

（作者系湘潭大学外国语学院老师）

弘扬扎根精神　凝聚湘大力量

易雨瑶

我是二十五年前就读于湘潭大学幼儿园的易朵，曾经在湘大子校前的露天电影场追逐打闹，也曾被幼儿园老师抱着喂午饭。我是二十年前就读于湘大子校的易同学，曾无数次数过勤人坡的139级阶梯，也曾在生病时被我亲爱的霍老师一路抱着送到父母手上。我还是五年前就读于湘潭大学商学院的易博士，在我写论文的每一个夜晚，都能从窗口看见导师办公室里明亮温暖的灯光，也正是在这光芒的指引和激励下，我才顺利完成了我的博士学业。

现在，我终于可以很骄傲地正式介绍，我是来自湘潭大学公共管理学院的易雨瑶老师，今年的我已经29岁，也算是我扎根于湘大的第29年吧！岁月见证的，不仅仅是湘大的蓬勃发展，还有前辈们奉献的青春年华，正是如此，也才有了我们新一代的茁壮成长。

扎根湘大，对于我而言不只是精神信仰，更是一种深入骨髓的眷恋。生于斯、长于斯，岁月缱绻，葳蕤生香。我对湘大的深爱蔓延在校园各个角落：在泽园柔软的草坪上，在北山和煦的林风中，在南门雄伟的铜像下，在西湖粼粼的波光里，在湘大辉煌的历史中，也在湘大一往无前的未来里。

去年，我十分荣幸地作为新入职教师代表参加了教职工荣休暨“光荣在校30年”纪念章颁发仪式，看着大屏幕上一排排亲切熟悉的名字，泪水氤湿眼角，恍惚间回到了幼年，看到了长辈们尚且年轻的笑脸和辛苦耕耘的背影。李寿佛爷爷于1976年响应党的号召来湘大任教，47载光阴荏苒，李老至今仍坚守在科研岗位上，不曾松懈分毫。曾子其爷爷自1996年荣休之后，从未放下对湘大学子的关心爱护，27年来耐心细致地坚持做学生思想教育工作，以全身之力“播种信仰”。还有那些许许多多曾出现在我青春里的优秀老师们，他们一同披荆斩棘谱写了湘大数十年的华章，向我们传递着扎根精神的价值和内涵，而立之年将至，我也当前赴后继，回馈以余生。从前，是他们照亮了我，现在，我成了他们。

入职已经一年，现在的我也拥有了自己可爱的“孩子们”。每一节课后，总会有同学来问问题，他们对于知识的追求是我熬夜备好每一个知识点的动力。同样，我也收获了很多的惊喜与感动。在下雨天，他们会问我：“老师，您有没有带伞，我的伞可以给您用。”在知道我深夜备课时，他们会发信息让我注意身体、早点休息，在这些点点滴滴里，我看到的是我们湘大学子的真诚善良与求知若渴，也看到了湘大未来的蓬勃生机。在被这些孩子们需要和关心的时刻，我感受到了人生前所未有的强烈使命感，也更加深刻地体会到了“教师”这两个字的神圣含义。

“博学笃行，盛德日新。”这是一代又一代湘大人的精神传承。“一定要把湘潭大学办好”，既是伟人的嘱托，也是历代湘大人坚守的承诺。接过父辈的火炬，是我的光荣和自豪，但更多的是沉甸甸的使命，未来的路或许坎坷，但扎根于血液中的眷恋始终如黑夜里的亮着的灯塔，照亮远航的道路。前路万丈光芒，正须乘风破浪！以此与所有的湘大人共勉，谢谢！

（作者系湘潭大学公共管理学院老师）

扎根湘大，做幸福的使者

郭心妍

很多年前，在一个边远小镇的贫困家庭，一个婴儿呱呱坠地。然而，生之喜悦转瞬变为死之哀痛。无知的家人们把母亲难产去世归咎于一个小小婴孩身上。于是，在他成长的全过程中，冷漠取代了温情，责打代替了疼爱。成为一名大学生，然后，体面地离开这个世界，成为了他心中的执念。2014 年，考上湘大兴湘学院后，他也未放弃离开的念头。他前后七次向自己挥出了死神的镰刀。所幸，身边的辅导员老师、同学以无论如何也要找到他的决心，一次次将他救赎。学院在南门对面帮他租了房子，辅导员、学工老师、学院领导轮流陪着他住，和他谈心，对他嘘寒问暖，无微不至，帮他找寻生命的光灿，并且，整整三年。终于，有一天，从来不苟言笑的他对着大家笑了。他说：“拥有你们，我是幸福的。”

幸福是什么？雷锋的幸福是“我愿把有限的生命投入无限的为人民服务之中去”；袁隆平的幸福是“禾下乘凉梦已真”。那么，我们的幸福是什么？我想，作为新时代的辅导员，成为学生幸福的引路人，帮助学生打开幸福之门，迈向幸福之路，就是我们最大的幸福。

追光而遇，做学生理解幸福的引导者。为了帮助学生寻找幸福的答案，灯光下，是我们的心理老师在青春辅导室研究沙盘的身影；艳阳中，是我们的班主任老师穿梭在教室、寝室间忙碌的脚步。疫情肆虐，一件件装满知识与爱的包裹是老师们为无法来校上课的孩子们送去的礼物；疫情渐缓，阳光下一床床彩色的被褥是老师们迎接孩子们回归挥舞的彩旗。我们竭尽全力让学生知道，幸福就是每时每刻有人在爱你、惦记着你。

向光而生，做学生感受幸福的陪伴者。回到开头的那个故事。现在，那个饱经风霜的孩子去到了离天堂最近的地方，成为西藏那曲的一名基层干部，手捧哈达，胸怀大爱为西藏人民的福祉奔走。前些日子，他给学院领导发来微信和照片。他说，做一个兴湘学子是幸运的，学院让一个居无定所的灵魂有了遮风避雨的家；做一个兴湘学子更是幸福的，老师们的爱与关怀让一颗冷硬的心变得柔软可爱。老师们三年的陪伴让他学会了接纳幸福、感受幸福，并且，拥有幸福。

沐光而行，做学生实现幸福的同行者。教师节的前一天，在学院门口，一位先生真诚地将怀中的鲜花送给一位女老师，说：“老师，教师节快乐。”女老师有些纳闷地问道：“我教过你吗?”那位先生回道：“没有，但是在毕业考试的考场上，您提醒过我，不要舞弊。您说，‘人生没有那么多捷径可走，那么多侥幸可得’。十多年过去，那一句提醒一直在我耳边回响，勉励我恪尽真诚。”对于这段对话，我感触颇深，我觉得那是一句幸福的提醒，让差点行差踏错的孩子拥有了幸福的人生。从某种意义上讲，大学是一个人步入社会前，从知识到品德，从智力到价值观形成的最后一次矫正。所以，在我理解答疑解惑、传道授业的全部内涵的同时，我也亲身感受到兴湘学院为学生幸福所做的一切。

扎根湘大，我们要努力成为塑造学生品格、品行、品味的“大先生”，帮助学生理解幸福；我们要努力成为学生成长成才的人生导师，帮助学生感受幸福；扎根湘大，我们要努力肩负起“立德树人”根本任务，帮助学生实现幸福。未来，我们将一如既往，做幸福的使者，帮助一批又一批的学子找到幸福！

谢谢！

（作者系湘潭大学兴湘学院老师）

向下扎根　向上结果

刘　文

每个人都会经历一段沉默的时光。那段时光是我们付出了很多的努力，却看不到任何结果的日子；是我们默默耕耘了很久，却看不清前路的日子；是我们撞得头破血流，却仍满是荆棘的日子，就像竹子生长一般。

竹子在最初生长的前4年时间里，并不引人注目，仅仅只生长三厘米，而到了第5年，它能以每天几十厘米的速度疯狂生长，短短半个月、一个月就会长到十几米，长成一片茂密、美丽的竹林。前几年它默默无闻，心无旁骛地向下生根，汲取大地营养，默默地浸润积累，耐心等待着时机。它能够忍受住好几年几乎不长个儿的寂寞，所以才能在时机到来的时候，破土而出，爆发出生命的张力。可谓不鸣则已，一鸣惊人。

竹子长达几米的根系才造就了它的高度。一根竹子的成材之路如此，一个教师的成就之路又何尝不是如此呢。要想有竹子茎秆的高度，就必须有竹子根系的深度。要想有教学科研上的成就，就必须长时间地付出心血、流下汗水。在这段沉默的时光里，我们可能经历了失败和挫折，可能觉得自己努力被埋没了，可能面对着艰难的处境，可能发现前路茫茫。但实际上，这段时光对我们尤为重要。我们要定得住心神，耐得住寂寞，不断地积攒自己的力量，相信自己的成长潜力。而且，前期的累积不仅仅是经验能力上的积累，更是心性上的磨砺，若是稍有成绩就过于显摆，炫耀不已，最终必然会影响我们教书育人的本质。

还记得几年前我刚来学校的时候，需要站上课堂教学比赛的讲台。由于初出茅庐，缺少教学经验，对于站上讲台这件事就已经让我诚惶诚恐，教学比赛的压力更是让我焦虑不已。在教师使命感的驱使下，我开始反复揣摩教材，搜寻了各种公开课的视频，翻阅了几十个教学视频，并且向学院教学经验丰富的老师们请教。就这样，我一步步地明确了教学目标、确定了教学内容、制作了教学课件、绘制了板书、设计了一整套教学实施过程，使整个教学设计初现雏形。但当我满怀信心地参加比赛后，却迎来了当头一棒。经验丰富的评委老师们一下子指出了我的各种问题：讲解内容过于庞杂，与学生的互动太少，没有抓住学生的心。听到这样子的评价，我的心情跌宕起伏，五味杂陈。回想我在校园时期，是多么的意气风发，是多么的自信张扬，我觉得自己是非常优秀的，但当我精心准备的课堂内容漏洞百出的时候，我是那么的无力，那么的焦虑。

这个时候，走在前往化学化工大楼的路上，我看到了沿路的竹林，听到了竹叶随风哗啦啦地飘响。这一景象深深地触动了我。我不禁沉思起竹子，想到了它扎根于土地之中，通过长时间的积累和沉淀，不断顽强地壮大自己的身躯，想到了它不畏艰难险阻，靠着自己的力量，不断向上攀升，最终成为一株高大挺拔的植物。这让我想到，作为教师的我们，亦如竹子一样，也需要扎根于三尺讲台，潜心教书育人。我们需要在教学岗位上，不断地学习和实践，积累丰富的教学经验，提高自己的教学水平，为学生的成长和发展贡献力量。我们需要在遇到科研难题的时候，拥有一颗坚持和勇敢的心，始终保持着对科研难题探索的好奇心，不断调整研究方法和研究思路。我们需要扎根于学生的心灵深处，了解他们的需求和困惑，耐心倾听他们的心声，帮助他们解决问题，引导他们走向正确的道路。我们更需要扎根于湘潭大学，扎根于伟人故里，为学校发展贡献自己的力量，为社会奉献自己的青春。

所以，我告诉自己，努力向下扎根，等待向上结果的那一天！

（作者系湘潭大学化工学院老师）

第三辑　思辨篇

教育家精神“思享会”及学校重大活动发言专辑

湘大最美的风景是人，站好讲台，做好科研，带好学生；跟跑，并跑，领跑；忠心、细心、恒心、虚心。 立育人之志，行师道之风，寻生命意义，弘教育家精神。

站好讲台，做好科研，带好学生

马秋成

尊敬的各位领导，老师们：

很高兴参加“教育家精神”思享会，并做主旨发言。我是 1992 年 3 月到湘大工作的，至今已有 31 年。在这 30 多年的时间里，我深刻体会到“站好讲台，做好科研，带好学生”是大学教师的基本要求，下面我就这三个方面谈一点个人体会。

一、站好讲台

站好讲台是人才培养的重要过程，也是躬耕态度的具体体现。机械工程专业担负着为国民经济各部门培养装备研发人才的任务，天上飞的、地上跑的、水里游的、家里用的都需要机械工程师的智慧。作为机械工程专业的教师，为党育人、为国育才的初心使命就是要培养“支撑中国制造的机械类高级专业人才”。

要站好讲台，首先必须明确社会对人才的需求，了解企业所期待的人才知识结构和专业能力，了解新技术新工艺的应用，不能闭门造车。在科技快速发展的今天，老师不能脱离社会谈教学，每一堂课讲什么内容，怎么讲，学生能获取哪些知识，能解决哪些问题，这些都是教学过程需要思考的问题。为明确培养目标，我每年都要利用各种机会下工厂，开展调研活动。只有需求明确，才能有的放矢。

要站好讲台，必须与生产实践相结合进行理论教学。我在主讲机械制造工艺学课程时，结合自己多年在企业工作的经验，通过工厂的典型案例和自己科研课题的相关内容进行课堂教学，激发学生的学习兴趣，培养学生用所学理论知识解决具体问题的能力。我的课件不是购买其他高校的，也不是从网上下载的，都是我自己一字一句敲出来的，因为，我认为别人不一定比我更了解企业。

要站好讲台，教师首先应具备工程师的素质和能力。因为，机械专业是要培养具有工程师素养的高级专业人才。现在年轻老师大多是从学校到学校，对企业生产流程、工艺方法不了解，存在理论与实际脱节的现象。有的老师，教了一辈子机械，可能没有把一张图纸变成过零件。如果与实践脱节，又怎样提高学生的动手能力，又怎样发现学生在课程设计和毕业设计中存在的问题？只能让学生把错误带出校门，这不利于专业人才的培养，学校需要对青年教师采取培养措施。

要站好讲台，必须在专业课教学过程中提升学生的综合素质。随着学生就业面拓宽和就业的多样化，我们不知道学生未来干什么，但是，不管干什么，综合素质是必须的。本人基于机械专业的特点，力图通过机械的复杂结构培养学生的系统思维；通过机械的传动关系培养学生的逻辑思维；通过零件制造的精度控制，培养学生的严谨态度；通过机械设计过程所依据的标准、规范培养学生的规则意识。我认为，一个人有了系统思维、逻辑思维、严谨态度，再加上规则意识，即使将来不干本行，也能胜任其他工作。

我的教育理念和教学方式，取得了一定的教学效果。1995 年我带 7 个本科生做毕业设计，现在有 5 位同学当上大型国有企业的老总或民营企业的老板。在校 30 年，我先后为中车时代新材、株洲 608 所、三一重工、中联重科等企业输送了大批学生，相当一部分学生现在走上了领导岗位。特别是在中车时代新材，我最有老师的成就感，因为从公司高层、部门领导、技术骨干到车间主任，都有我的学生。今年 3 月，我去到三一重能，湘大机电廖旭东副总和我谈及湘大杰出校友时，他说“三一有大批湘大学生，湘大支撑了中国制造”，听到这句，我非常欣慰。

随着时间的推移，越来越多的优秀学生脱颖而出。现在我走进教室，感觉讲台下面坐着的都是未来的厂长、经理和高工，若干年之后他们都会成为国家建设的中坚力量，“为国育才”的使命感油然而生。

二、做好科研

科研是培养高层人才的重要手段，也是激发学生创新能力的重要途径，更是高校教师“强国有我”的具体体现。

做好科研，选题应面向国家战略需求或经济社会发展需要。我深知自己的能力，高大上的事我做不了，就做点力所能及的事。结合湖南湘莲产业发展需要，我选择莲子自动化加工技术作为我的研究方向，并带领湘潭大学工业设计团队，承担了国家载人航天工程空间站航外服等系列产品的工业设计任务。10 月 4 日湖南日报“向一流迈进”对湘大的专题报道中，两个项目（一个是莲子机，一个航天产品工业设计）均被提及，能做一点拿得出手的事，这是我的光荣和骄傲。

做好科研，要有求真务实的作风，做有价值的科研。不能急功近利，不能为项目而项目，为专利而专利，为论文而论文。有的老师申报了很多专利，发表了很多论文，但真正的“人生代表作”又是什么呢？你解决了什么问题，对社会发展有什么作用？如果只是为了学校奖励的科研，不仅浪费社会资源，也会带坏学生，这与习近平总书记“勤学笃行、求是创新的躬耕态度”相悖。

做好科研，要有吃苦耐劳的精神，持之以恒的态度，并耐得住寂寞。有句话说“不是井里没有水，而是挖的深度不够”，我认为只要没选错方向，付出总是有回报的。我 2009 年开始研究莲子加工技术，到 2015 年才拿到第一个国家自科基金，其中 4 次申报不成功，坐了六年的冷板凳（面上项目资助力度从平均 40 万元增加到 80 万元）。15 年的坚持，我终于获得回报，获发明专利 22 项，并获湖南省技术发明二等奖和湖南省科技进步二等奖，所发明的莲子开边机转让湖南莲美食品有限公司，鲜莲子去芯机转让江西省广昌兴莲机械制造有限公司。其中鲜莲子去芯机已通过农机推广鉴定，并取得“农业机械试验鉴定证书”。产品应用覆盖湖南、江西、浙江和台湾等莲子产区，解决了莲子成熟季节农村劳动力不足的难题，为新农村区域特色产业发展提供了技术和装备保障。央视科教频道 CCTV 10 和农业农村频道 CCTV 17 先后对相关技术进行了专题报道，湖南日报评价本项目产品“补齐了湘莲产业链深加工环节的短板”。在这些产品研发过程中培养了大批学生，学生获湖南省挑战杯竞赛一等奖两次，二等奖一次，本人也被评为“湖南省优秀指导教师”。

三、带好学生

带好学生，需要有“育人智慧”，需要有“言为士则、行为世范”的道德情操。我认为做给学生看，带着学生干是言传身教的本质。我不认同将导师称为老板，老师与学生的关系不是雇佣关系，也不是上下级关系，学生也不是成就自我的工具。

带好学生，需要给学生提供创新机会。2010 级杜鹏同学，本科毕业设计的题目是莲子开边机，答辩完成后，我在长沙找了一个工厂，派他驻厂跟踪图纸变成零件的全过程，装配完成后让我去现场看。尽管当时试验不是很理想，但经后期完善，成功开发了莲子开边机，现在该成果已在湖南莲美食品股份有限公司应用。我想，即使在清华北大，本科生的毕业设计能实现产业化的也不多见。2018 年我产生了研究鲜莲子去芯机的想法，2018 级林舸强、刘宇、倪斌庆、宋颖和柳录湘五位同学，分别承担不同系统的设计任务（机械设计、电器系统设计和软件开发）。他们经历了鲜莲子去芯机从原理样机、到正样机、到产品技术转让全过程，在莲子机样机试验过程中，学生吃住在农户家，有时深夜赶往农户家维修机器。这些项目，不仅提升了学生的创新能力，也培养了学生吃苦耐劳的性格和团队合作的精神。

带好学生，需要投入经费构建创新条件。特别是机械专业硕士，需要在实践中培养解决具体问题的能力，必须投入资金进行设计验证。为满足专业硕士培养的需要，我这十年开发了 8 个新产品，其中有成功的，也有失败的，不管产品成功还是失败，我认为都是有收获的，因为培养了学生。我对学生说“我的经费投入，理想结果是既出成果，又出人才；出不了成果，同学能力得到提升，钱也没有白花；如果成果没有出来，你们又没有学到知识，那是我最失败的投资。”

带好学生，不能当甩手掌柜。不能把任务布置就不管了，需要在过程中提升学生的能力，及时解决学生遇到的问题。在研发莲子加工机械的过程中，我和学生一起下车间，进农户，结合生产现场出现的问题，提升学生解决问题的能力。每次去生产现场，只要车子坐得下，我会带尽可能多的学生。五个指头有长短，学生的基础和能力有差别，不是每一个学生都优秀，孔夫子弟子3000，贤人70，优秀率也不过2.3%。我也遇到过基础差的同学，怎么办，只有多花时间，加强督促，帮助他们提高。

在实践中培养学生，学生动手能力和解决具体问题的能力得到提升。学生走上工作岗位，具有起步快、后劲足的特点。好几届学生和我说：“马老师，我们组同学在就业招聘会上很有优势，拿到的offer最多，很受用人单位欢迎。”因为他们都干过具体项目，在湘大工作31年，我所指导的研究生全部按期毕业并获得学位，全部就业。

带好学生，必须关爱学生，为学生创造成长环境。为培养学生，我利用自己的一点社会影响力，扩充办学资源。与江麓机电科技有限公司、株洲中车时代新材料科技股份有限公司、湖南智热技术股份有限公司等企业合作建立研究生培养创新基地，为专业型研究生培养创造了更好的学习条件。另外，本人利用毕业生对母校的情怀，鼓励他们在学校设立奖学金，先后有中车时代新材和株洲时代输送在学校设立企业奖学金，由于各种原因，这几年间断了，我准备在退休之前重新启动。

作为教师，爱岗爱校是坚守初心的本质。说实话，在湘大31年，我也遇到过许多不如意的事，甚至产生过离开湘大的想法。在20世纪90年代中期，孔雀东南飞盛行，我们教研室13个研究生，一下走了8个，有的去深圳，有的去广州、上海，但我没有跟风而去。2004年，一所本省高校送我一套房子，其他待遇也不错，但最后还是放弃了，我不想为了几十万块钱，把自己卖了。我有时开玩笑说“湘大虐我千百遍，我待湘大如初恋”“生是湘大的人，死是湘大的鬼”。

在校31年，我见证了湘大的起伏。尽管学校现在已进入双一流，但仍要有招生的危机感。随着人口出生率的降低，很多幼儿园现在招生不满，十年之后，肯定波及大学。如果人才培养质量不上去，声誉上不来，我们的生源质量会下降。我是搞机械的，原材料质量不好，很难干出好产品。因此，我们必须坚守育人初心，提高教学质量，提升社会声誉，才能面对未来的机遇与挑战。

作为老师，教书育人是我们的天职，为人师表是我们的责任，关爱学生是我们应有的担当。让我们以教育家精神的核心要义为指导，扎根伟人故里，把湘潭大学建设成支撑中国制造的重要力量。

——在教育家精神“大学习、大宣传、大讨论”活动之专题思享会上的发言

（作者系湘潭大学机械工程与力学学院教授）

教育家精神指引我前行

扶　婷

各位领导、各位老师：

非常荣幸向大家汇报我对教育家精神的理解和体会。

人无精神不立，国无精神不强。习近平总书记从理想信念、道德情操、育人智慧、躬耕态度、仁爱之心、弘道追求六个方面深刻地阐述了中国特有的教育家精神，也为教师队伍建设、教师职业发展提供了根本遵循和行为指引。

上个周末，我带着我们班的孩子们参加了一次别开生面的志愿活动，活动的主题是打破障碍，残健共融。当我发出通知后，大家争先恐后地报名。当我在活动现场，看到同学们小心翼翼地扶着每一位残疾人乘坐电梯，精心准备无障碍故事分享，大方热情地帮助不方便的残疾人制作手工，这一刻我很感动。我就一直在想：这么善良、这么有爱的同学，我应当把他们带往何方？我从教育家精神中找到了答案。

教育家精神要求我们拥有心有大我、至诚报国的理想信念，这是一种“天下兴亡，匹夫有责”的担当情怀。作为一名曾经有幸代表祖国参加残奥会的运动员，我深刻地知道个人命运从来与祖国的发展都是紧密相连的。习近平总书记提出，让青春在全面建设社会主义现代化国家的火热实践中绽放绚丽之花。今天我身在三尺讲台，我明白了我们的教育应当与祖国的需要、社会的发展相契合，我们应当承担起培养时代新人的重任，引导我的学生将自己的理想信念融入到强国建设、民族复兴伟业之中。

教育家精神要求我们要拥有言为士则、行为世范的道德情操。这是一种“德高为师、身正为范”的师德师风。习近平总书记说评价教师队伍素质的第一标准应该是师德师风。这个月我在湘大子校做了一场分享，同学们听完后蜂拥而至地找我签名、合照，我突然有一种明星的感觉。经常也有学生问我，老师你可以带着我做志愿活动吗？老师你可以和我讲讲你是怎么读书的？这一刻，我真正意识到我的一言一行对学生们的作用有多大，作为学生的引路人，我肩负着怎样的责任。我知道了，我必须警醒自己要以身作则、立德修身，将我的学生培养成具有崇高品格和正确道德观念的人。

教育家精神要求我们要拥有启智润心、因材施教的育人智慧。教育家蔡元培说：“教育的艺术不在传授，而在鼓舞和唤醒。”教书育人并非易事，要求我们要把握人才成长的规律，挖掘学生的特点，启迪学生的心智，做好学生学习知识的引路人。我记得我们班新生的第一次班会，学生们问得最多的是大学要如何学习？我告诉他们，学习从来不止一种方法，适合自己的才是最好的；学习从来不止课堂的专业学习，要有更丰富的知识视野；学习从来不应是接受老师的单方讲授，更应当启迪心灵，有独立的思考。我想这既是对学生的学习要求，也是教书育人的自我勉励吧。

教育家精神要拥有勤学笃行、求是创新的躬耕态度。今天我们所处的时代日新月异，作为一名新时代教育工作者，我们不仅需要深耕学问、丰富学识，还需要积极开拓、勇于创新，紧跟时代发展，发现新问题，探究新理念。在课堂上提升传道授业解惑的能力，在科研中回应国家和社会发展的需要。正如湘潭大学已故的沧南教授，近百岁依旧笔耕不辍、著书育人，在坚持毛泽东思想科学理论体系的基础上，提出并构建“毛泽东的方法学”理论，为上好新时代的思政课贡献力量，竖起了新时代教育工作者勤学笃行、求是创新的丰碑。

教育家精神要有乐教爱生、甘于奉献的仁爱之心。我们常常会听到这样一句话：“当走入社会后，很难有人再像学校的老师一样关怀你、包容你、指导你。”我想这就是老师的仁爱之心。老师的仁爱之心要求我们学会欣赏每一位学生，了解尊重每一位学生，以纯粹的爱来守护每一位学生。老师的仁爱之心是激发学生力量的种子、善良的种子，让他们从老师的爱中收获学习和生活的自信，学会善待自己、善待他人。就像张桂梅老师，她把所有爱灌注在每一位学生身上，学生从中受到鼓舞，努力学习走出大山，毕业后她的很多学生也在医生、教师等职业上发光发热，将仁爱之心传递下去。

教育家精神要有胸怀天下、以文化人的弘道追求。当前，世界百年未有之大变局加速演进，世界之变、时代之变、历史之变正以前所未有的方式展开。人类日益成为一个你中有我、我中有你的命运共同体。习近平总书记指出我们要为解决人类面临的共同问题作出贡献，以海纳百川的宽阔胸襟借鉴吸收人类一切优秀文明成果，推动建设更加美好的世界。教师作为知识的传播者、文明的传承者，应当胸怀天下，在传播中华优秀传统文化的同时，尊重世界文化的多元性，博采众长、兼收并蓄。在课堂、科研、实践活动、日常生活中润物无声地影响学生，久久为功地引导学生，把学生培养成具有全球视野，拥有文化自信，怀抱梦想又脚踏实地，敢想敢为又善作善成的新时代好青年。

躬耕教坛、强国有我。教育兴则国家兴，教育强则国家强。祝愿每一位老师在教育家精神的引领下，为强国建设、民族复兴作出新的更大的贡献。谢谢！

——在教育家精神“大学习、大宣传、大讨论”活动之专题思享会上的发言

（作者系湘潭大学公共管理学院老师）

树立弘道追求　夯实行动之源

姜　倩

2023年9月9日，习近平总书记在致信全国优秀教师代表时，首次提出了中国特有的教育家精神。其中包含了六个逻辑严密、内在统一的实践要求，充分体现了他对教师群体的殷切期望和对教师教育的高度重视，也为新时代教师队伍高标准建设指明了前进方向，提供了根本遵循和精神动力。教育家精神是教育家和优秀教师在长期立德树人的生动实践中积累起来的宝贵财富，是人民教师精神风貌的生动写照，从精神层面凝聚了教师队伍的价值共识。

信虽不长，认真品读可以深刻体会到习近平总书记的殷切期望和殷殷嘱托。身为奋战在一线的高校教师，我们应该深刻领会教育家精神的精髓要义与价值内核，充分认识到教师在教育强国建设中肩负的神圣使命，牢记为党育人、为国育才的初心，坚持胸怀天下，把握时代脉搏，弘扬全人类共同价值，培养出具有宽广国际视野和深厚家国情怀的人才。

教育家精神也体现在中国老一辈艺术教育大先生的身上。中国现代美术教育奠基者徐悲鸿先生，一生节衣缩食收藏了1200余幅书画作品，后悉数捐赠

给国家，不仅如此，他为繁荣国家艺术发展，不拘一格地寻找并培养艺术人才。艺术教育家林风眠，以“兼容并包、学术自由”的教育理念及“个性、民族性与时代性相统一”的创作原则，培养了赵无极、吴冠中、李可染等一大批艺术界翘楚。党的十八大以来，习近平总书记对重视加强美育作出重要论述和指示批示，中共中央办公厅、国务院办公厅印发《关于全面加强和改进新时代学校美育工作的实施意见》，将美育的重要性提高到前所未有的高度。身为艺术教育工作者、艺术专业教师，更要准确把握美育的时代内涵，“扎根时代生活，遵循美育特点”，提升新时代教师的感召力、影响力和人格魅力，做“播种未来的明灯”。具体来说，我认为要做到以下三点：

一、要思考应该用怎样的“言”和“行”感召学生

教师是学生的引路人，对学生成长影响深远，教师的能力、情怀、格局、境界是培养创新型人才的最佳土壤。“言为士则，行为世范”，教师不仅要在自己专业领域躬耕教坛、严谨治学，也要在学生成长之路上率先垂范、以身作则。面对时代要求，我们要不断更新专业知识、与时俱进、终身学习，用扎实的知识功底、过硬的教学能力、勤勉的教学态度、科学的教学方法，做好这份“良心活”。我院在建院初期就以工作室导师制度为特色，以差异化、精准化培养高质量人才为目标，在技术迭代中不断创新来保持活力，并一直延续至今。2016 年我院又率先建设“OLO 线上教学平台”，前瞻性地开展线上线下混合教学初探。如今学院培育出两位教学名师、三位教学标兵，精心打造两门国家一流课程、十门省级一流课程，起到了较好的示范带头作用。教师的责任心和爱心是这份“良心活”的重要保障，教育的真谛是培根铸魂、启智润心。“Z 世代”大学生面临着国际化、多元化、科技化、灵活化和激烈竞争的社会现实，作为教师更要学会走近他们、理解他们、感化他们。特别是面对人工智能的到来，作为从事艺术工作的老师们更要开展深入研究和创作实践，化解学生内心对未来的不安，鼓励他们积极拥抱新科技、应对新挑战。艺术专业教师要“以美化人”，充分使用“艺术”的感染力、创新力、创造力，积极贯彻“美育亦是生产力”的理念，结合自身专业特色协助学校，齐心协力把“大美育”走深走实，不仅要站在三尺讲台方寸之间，也要引导学生走向田野，走进人民，做真善美的追求者和传播者。

二、要心怀家国、矢志创新，培养社会主义的建设者和接班人

我国先进知识分子向来将自我价值与“家国天下”联系在一起。“心有大我、至诚报国”彰显了人民教师以身许国和胸怀“国之大者”的使命担当，更是人民教师的理想信念和价值底色。蔡元培先生认为：“教育就是一方面讲求学问，引导社会；另一方面养成人才，效力社会。”作为艺术教育工作者更应坚定文化自信、增强文化自觉，带动学生在文化强国的建设中贡献力量。艺术既要仰望星空也要脚踏实地。我院将专业课程链接乡村振兴、红色文化、思政活动等，将湖湘文化、湘潭风骨、扎根精神融入专业教学，通过挖掘地方资源、厚植家国情怀，着力提升审美志趣与艺术素养、社会服务意识与创新创业水平，为课程思政注入创新元素，增强学生们的爱国主义信念，进而传承红色基因。近三年我院通过建设一批课程思政示范课，带动学生产出一系列显示度高的设计、动画、绘画作品，教学团队也相继获得湖南省课程思政教学竞赛一、二等奖的好成绩。

三、要落实到行动上，全局、前瞻、务实地规划艺术人才培养

践行教育家精神既要遵循教育规律还要接地气，要发挥专业优势深入参与到学校建设与协同发展中来。我院以习近平总书记提出的“把论文写在祖国大地”“做学生为学、为事、为人的大先生”为行动指南，积极运用艺术的多元形式，组织推进精准扶贫、乡村振兴战略的落地生根，用温情下乡支教、用设计助力乡村产业、用画笔展现乡村风貌，将美育与乡建相结合，引导学生树立理想信念，培育学生强化自身的社会价值。

同时我院积极响应国家文化润疆、教育援疆战略，用优质的师资和课程来支持西部高校教育发展。通过在校内和线上平台开设美育课程，将中华优秀传统文化中丰富美育资源与德育、智育、体育和劳动教育相结合，提高湘大学子乃至更多青年学生的人文素养、审美能力和创新理念。每年我院通过参加“三下乡”社会实践团，在专业能力实践、文旅产品设计、美丽乡村建设等方面贡献艺术学院的智慧和力量，积极推动校地的交流与合作。

“实践出真知”，艺术通过实践创造不断形塑自己的规范，而“教育家精

神”也指引每一位教育者思索教育的路标。2018 年 9 月，习近平总书记在全国教育大会上指出：“人民教师无上光荣，每个教师都要珍惜这份光荣，爱惜这份职业，严格要求自己，不断完善自己。”我和我的同事将身体力行，积极践行“以美育魂、以文化人”，不断审视自身，引领学生走正道、树新风，为党和国家培养更多有用人才，将艺术成果更好地服务于人民群众的高品质生活需求。

——在教育家精神“大学习、大宣传、大讨论”活动之专题思享会上的发言

（作者系湘潭大学艺术学院教授）

准确把握师德师风第一标准的深刻内涵

杨　澜

习近平总书记在北京大学师生座谈会上指出，评价教师队伍素质的第一标准应该是师德师风。在党的二十大报告中，习近平总书记再次强调，加强师德师风建设，培养高素质教师队伍。2023 年 9 月，习近平总书记致信全国优秀教师代表，强调要大力弘扬教育家精神，牢记为党育人、为国育才的初心使命，树立“躬耕教坛、强国有我”的志向和抱负，自信自强、踔厉奋发，为强国建设、民族复兴伟业作出新的更大贡献。大力弘扬教育家精神，必须深刻理解习近平总书记关于师德师风第一标准的重要论述，牢牢把握新时代教师队伍发展中带有根本性、方向性、全局性的重大理论和实践问题，进一步加强师德师风建设，将师德师风第一标准贯穿为党育人、为国育才的全过程。

师德师风第一标准具有深刻的理论逻辑

习近平总书记关于师德师风第一标准的重要论述，是马克思主义师德观念在新时代教师队伍建设中的集中反映和高度概括，是中华优秀传统师德文化在新时代的传承和发展，是教育家精神的重要理论来源，具有深刻的理论逻辑和一脉相承的理论特质。

继承了马克思主义的师德观念。恩格斯指出，一些人“只是为了生活才来当教师，大多数连自己也没有具备最必要的基本知识，缺乏教师所应当具备的道德品质”。列宁深刻批判了资产阶级教师队伍，“教师群众接受了资本主义文化遗产，全身沾染了这种文化的缺点，在这种情况下他们不可能是共产主义教师”。毛泽东同志在《新青年》发表文章指出，教育目标的实现不能缺少教师的言传身教，教师的示范能够潜移默化地使学生养成优良的道德品性。邓小平同志则提出，希望广大教师努力在政治上、业务上不断提高，沿着又红又专的道路前进。这些思想观点为新时代教师牢固树立师德师风第一标准奠定了扎实的理论基础。

汲取了中华优秀传统师德文化的精髓。自古以来，师德高尚就是教师安身立命的准则。韩愈《师说》提出“师者，所以传道授业解惑也”，将“传道”作为教师的首要职责。《广潜书》也提出“善之本在教，教之本在师”，寓意教师在教育学生向善中担负主导作用，是品德良善的象征。传统文化中，教师应该立德修身、率先垂范。这些优秀传统师德文化为新时代教师牢固树立师德师风第一标准提供了源头活水。

与教育家精神的实质一脉相承。习近平总书记先后提出“四有好老师”“四个引路人”“四个相统一”的要求，明确提出了师德师风建设的具体标准和根本路径。这些重要论述体现了师德师风第一标准的深刻内涵，同时也与教育家精神的精神实质是一脉相承的。教育家精神所倡导的心有大我、至诚报国的理想信念，言为士则、行为世范的道德情操，启智润心、因材施教的育人智慧，勤学笃行、求是创新的躬耕态度，乐教爱生、甘于奉献的仁爱之心，胸怀天下、以文化人的弘道追求，正是师德师风第一标准在新时代高素质教师队伍建设中的进一步发展和弘扬。

师德师风第一标准彰显了教师在立德树人根本任务中的主体作用

立德树人是学校的根本任务，而教师是落实这一根本任务的主体力量。大力弘扬教育家精神，加快推进教育强国建设，必须让教育者先受教育，让传道者自己先明道、信道。把师德师风作为评价教师队伍素质的第一标准，充分彰显了教师在立德树人中的主体作用。

师德师风第一标准是“总开关”。习近平总书记指出：“我们的教育必须把培养社会主义建设者和接班人作为根本任务，培养一代又一代拥护中国共产党领导和我国社会主义制度、立志为中国特色社会主义奋斗终身的有用人才。”大力弘扬教育家精神，必须把好师德师风第一标准这个“总开关”，引导教师坚定心有大我、至诚报国的理想信念，推动教师成为先进思想文化的传播者、党执政的坚定支持者、学生健康成长的指导者，激励教师努力做中华民族“梦之队”的“筑梦人”，在培养时代新人的征程上站稳立场、行稳致远。

师德师风第一标准是“催化剂”。优良的教风、学风是一所学校的气质和灵魂，它需要优良的师德师风来孕育和催化。大力弘扬教育家精神，必须树牢师德师风第一标准，全员、全方位、全过程涵养优良师德师风，使优良的师德师风催生出优良的教风，带动优良的学风，形成优良的校风。要使教师养成言为士则、行为世范的思想自觉和行动自觉，以勤学笃行、求是创新的躬耕态度激励自己、影响学生，真正做到“一朵云推动另一朵云，一个灵魂唤醒另一个灵魂”，使高素质教师队伍建设与高素质人才培养同频共振、同向同行。

师德师风第一标准是“指挥棒”。只有把师德师风作为教师队伍素质评价的第一标准，在教师聘用、导师遴选、人才工程、评奖评优、晋级晋升等方面严把政治关、师德关，对师德失范的教师坚决实行“一票否决”，才能从根本上扭转“重科研、轻教学”“重教书、轻育人”的倾向，引导教师祛除浮躁之气、远离功利之风、回归教育初心；才能从根本上保证教师职业发展的正确航向，引导教师躬耕教坛，坚守职责，努力做“经师”和“人师”相统一的“大先生”，让教育家精神在教师群体落地生根。

师德师风第一标准因应了新时代教师队伍建设的新形势新任务

树牢教师队伍素质评价第一标准，大力弘扬教育家精神，推动师德师风建设常态化、长效化，是匡扶师道正义、守护学生成长、赋能教师发展的战略安排，是建设高素质教师队伍的必由之路。

树牢师德师风第一标准，匡扶师道正义。师德者，师之正气也。在西方意识形态渗透、国内多样化社会思潮冲击、复杂网络环境影响之下，教师的理想信念、道德情操、职业操守和责任担当显得尤为重要，成为师道尊严的“压舱石”。只有努力践行师德师风第一标准，大力弘扬教育家精神，广大教师才能在风云变幻的复杂环境下保持战略定力、坚定理想信念，才能在大是大非面前做到头脑清醒、立场坚定、态度鲜明，才能在莘莘学子和社会大众面前彰显人民教师的正气正义，才能担负起培养堪当民族复兴重任时代新人的神圣职责。

树牢师德师风第一标准，守护学生成长。现在的学生思维活跃、个体意识强、充满质疑精神。面对这样的群体，教师必须因应新的形势，把师德师风第一标准贯彻落实到立德树人的实际工作中。要敬畏三尺讲台，提升道德修养，增强知识储备，改进教学方式，提高教学质量；以学生为中心，因材施教，尊重理解学生，平等对待学生；做有温度的教师，乐教爱生，善于发现学生的闪光点，严慈相济、润物无声。

树牢师德师风第一标准，赋能教师发展。当前，教师职业发展面临新的形势，教育评价改革向纵深推进。只有牢固树立师德师风第一标准，大力弘扬教育家精神，才能从根本上破除人才评价的“五唯”顽疾，教育广大教师自觉抵制学术不端行为，激励广大教师淡泊名利，扎根三尺讲坛，潜心教书育人；才能引导各级管理部门和各类学校打造健康、可持续的教师发展通道，进一步健全完善教师的激励机制、荣誉体系、培训体系，进一步彰显教师的存在感、获得感、使命感，为加快教育强国建设、办好人民满意的教育提供重要人才支撑。

——载《光明日报》2023 年 11 月 6 日第 6 版

（作者系湘潭大学党委教师工作部部长、教师教学发展中心主任）

深刻把握教育家精神的核心要义与实践要求

杨小军　胡煜雯

习近平总书记指出：“教师群体中涌现出一批教育家和优秀教师，他们具有心有大我、至诚报国的理想信念，言为士则、行为世范的道德情操，启智润心、因材施教的育人智慧，勤学笃行、求是创新的躬耕态度，乐教爱生、甘于奉献的仁爱之心，胸怀天下、以文化人的弘道追求，展现了中国特有的教育家精神。”这一重要论述首次提出了中国特有的教育家精神，既是对广大教师和教育工作者的充分肯定，更是为新时代高素质专业化教师队伍建设指明了奋进方向。新时代新征程，要深刻理解中国特有的教育家精神的核心要义和实践要求，大力弘扬教育家精神。广大教育工作者要牢记为党育人、为国育才的初心使命，培养德智体美劳全面发展的栋梁之材，为强国建设、民族复兴作出更大贡献。

深入理解教育家精神的核心要义

习近平总书记从理想信念、道德情操、育人智慧、躬耕态度、仁爱之心、弘道追求六个方面阐述了新时代中国特有的教育家精神的核心要义，这是对马克思主义教育思想的继承和发展，也是在教育强国宏伟目标引领下对教师队伍高标准建设提出的新要求。

心有大我、至诚报国的理想信念。理想信念是中国特有的教育家精神的政治灵魂。教育工作者只有坚定理想信念，始终同党和人民站在一起，厚植家国情怀，全面落实立德树人根本任务，才能培养出堪当民族复兴大任的时代新人。新时代大力弘扬教育家精神，要求教育工作者要坚定心有大我、至诚报国的理想信念，做共产主义远大理想、中国特色社会主义共同理想的坚定信仰者和忠实实践者，坚守为党育人、为国育才的初心使命，葆有立身从教、育才造士的教育信仰，潜心育人，勇于担当，甘于奉献，为培养有用人才做出不懈努力。

言为士则、行为世范的道德情操。为人师表是教师神圣的职责，教师的一言一行都给学生以极大影响。教育工作者只有言行一致、知行合一、以德施教、以德立身，坚持以心育心、以德育德、以人格育人格的崇高教育理念，才能做好塑造灵魂、塑造生命、塑造人的工作。老师应该有言为士则、行为世范的自觉，不断提高自身道德修养，以模范行为影响和带动学生。新时代大力弘扬教育家精神，教育工作者就要自觉加强师德建设，恪守教师职业道德准则，以自己的模范行动影响和带动学生，发挥教育引领人、温暖人、凝聚人、感召人、教化人的精神力量。

启智润心、因材施教的育人智慧。尊重个体差异，分层施教、定向施教，促进全面发展，是遵循教育规律、践行素质教育理念的基本要求。启智润心、因材施教的育人智慧，实现了对中华优秀传统教育思想的创造性转化与创新性发展，核心在于启智润心、传道授业的生命追求，关键在于善喻博喻、因材施教的育人方法。新时代大力弘扬教育家精神，教育工作者要遵从学生的身心发展规律，根据不同学生的实际情况因材施教，通过启发使学生明白道理并深入思考，让每个学生都有人生出彩的机会。

勤学笃行、求是创新的躬耕态度。扎实的知识功底、过硬的教学能力、勤勉的教学态度、科学的教学方法是教师的基本素质。其中知识是根本基础。拥有真才实学是教书育人的基本前提。勤学笃行、求是创新的躬耕态度，体现在教师终身学习的践行上，体现在教师敢为天下先的胆识气魄中。新时代大力弘扬教育家精神，广大教育工作者要保持对教书育人和科研创新的真挚热爱和执着追求，拓宽知识视野，更迭知识结构，潜心钻研学问，勇于探索创新，不断提升教育教学水平。

乐教爱生、甘于奉献的仁爱之心。“仁爱”是中华传统教育思想的精神内核，也是熔铸在中国人骨子里的最高道德准则和人格理想。爱是教育的灵魂，没有爱就没有教育。乐于教导学生、关心爱护学生是教育工作者热爱教育事业最直接、最集中的表现。新时代大力弘扬教育家精神，广大教育工作者要具有尊重、理解、宽容的品格，心系学生、心系教育，使自己成为学生的贴心人，用大爱浇开生命之花，用大爱书写教育人生。

胸怀天下、以文化人的弘道追求。教师是走在时代前列的人，是促进人类社会知识生产和时代变革的关键力量，必须胸怀天下、志存高远、立己达人、以文化人，弘扬全人类共同价值。大力弘扬教育家精神，广大教育工作者应正确把握中国和世界发展大势，心系人类前途命运，服务民族复兴、促进人类进步，不断学习和吸收各类先进文化知识，引导学生培养全球视野，厚植家国情怀，树立远大理想。

全面把握弘扬教育家精神的实践要求

全面加强党对教育工作的领导，促进教师坚定理想信念。习近平总书记指出：“大力弘扬教育家精神，牢记为党育人、为国育才的初心使命。”“为党育人、为国育才”深刻揭示了我国教育事业发展的价值追求，集中回答了教育发展立场和办学方向的重大问题。新时代新征程，大力弘扬教育家精神，要加强党对教育工作的全面领导，对广大教师常态化开展理想信念教育，使其树立“躬耕教坛、强国有我”的志向和抱负，更好地完成立德树人的根本任务。要坚持以人民为中心发展教育，不断促进教育公平，让教育发展成果惠及全体人民，以新发展理念引领教育现代化，大力推进教育改革创新，培养更多适应高质量发展的各类人才。

全面提升教师队伍整体素质，推进教育强国建设。要把弘扬教育家精神作为加强教师队伍建设的重要内容，引导广大教师时刻以教育家精神为标尺，以教育家和优秀教师为人生目标，自觉提升个人素质，严格要求自己，自觉承担教书育人的时代使命。要制定实施新时代教师队伍素养提升计划，健全师德师风建设长效机制，常态化推进师德师风教育，强化师德师风考核，完善教师队伍管理机制，不断提升教师队伍整体素质，努力打造高素质专业化创新型教师队伍，不断推动教育强国建设。

（作者分别系湘潭大学马克思主义学院教授、湘潭大学马克思主义学院硕士研究生）

我的退休感言：忠心、细心、恒心、虚心

唐正芒

尊敬的各位领导、各位老师，亲爱的同学们：

我于1978年10月肩扛行李风尘仆仆走进湘潭大学。当时没有三道拱门，甚至还没有真正意义上的湘大校门。记得离开我的家乡时，我们大队党支部当时在赠送给我的日记本上，仅是祝贺我"参加湘潭大学的学习"。可我做梦也没想到，正应了京剧《沙家浜》中的一句台词"这回来了就不走了"！岁月飞逝，屈指一算，至今已逾45个冬夏春秋！即从1982年留校算起，也有了41个年头15000多个日日夜夜！

45年的光阴里，我由初中生变为了博士生，由学生变为了教授，由民办教师成长为了博士生导师，由一个未见世面的乡间青年变为在国内也有了同行知己。抚今追昔，湘大情怀油然而生。因为这一切的一切，都是湘潭大学给予我的。所以，1988年在中央党校硕士毕业后我回到了湘大，1998年在中央党校博士毕业后我还是回到了湘大。这大概也算是大家常说的扎根精神吧。

忆往昔峥嵘岁月稠。在湘大41年的任教生涯里，我在一届一届学校领导的关怀爱护下，在一茬一茬院系领导和老师们的鼓励帮助下，在一批一批广大学生的支持包容下，在学习和工作中，也有了一些甘之如饴的经历和微不足道的

成绩。承担过《中共党史》等十多门课程的教学，培养了近70位博士和硕士。自2000年评为教授后，我还在抗战文化、粮食工作和毛泽东日常谈话三个领域，先后主持了五个国家课题，其中有两个重点项目。出版了十二部著作、教材，发表了200余篇学术论文，获得过教育部人文社科优秀成果二等奖和湖南省社科成果奖，牵头申报成功了中共党史博士点、中共党史国家二类特色专业和国家级一流本科专业等。由于领导和专家们的关爱和力荐，获得了国务院政府特殊津贴专家称号。这些都是我在回首往事时觉得特别要对学校感恩、感激、感怀、感谢的事情。

半个世纪一路走来，我也悟出了四点体会，愿与大家特别是新入职的教师分享。即要使自己在学问上能不断有所前行，就需要忠心、细心、恒心、虚心。

忠心就是毛主席所说的“忠诚党的教育事业”。我上大学前当了8年民办教师，至今已从事了近50年的教育工作，深感这是一个爱的事业、希望的事业，也是一个光荣的事业，崇高的事业。我们用语言播种，用粉笔耕耘，用汗水浇灌，用心血滋润。我们为党育人、为国育才，应忠心耿耿、甘之如饴。在经历了酸甜苦辣之后，我们收获的不仅是鲜花和果实，还有像春蚕吐丝那样，用作丈量生命价值的标尺。

细心就是做学问时要细心、专心、用心去发现和思考问题。自然科学认为，发现问题就等于解决问题的一半。谁善于细心发现问题，谁就能取得比别人更多的成效。比如同样读一篇资料，细心者读后可能就发现和提出了有价值的问题，而有的可能就什么也没察觉到、没有感悟到。

恒心就是对发现并认准了的问题要有恒心、决心和毅力锲而不舍地做下去，咬住青山不放松。俗话说，有志之人立常志，无志之人常立志。这是有道理的。有付出就会有收获，也只有付出才会有收获，久久为功，总能做出成就来。否则，再宏伟的计划也只是空中楼阁。如我对现在正做的课题，就是30年来初心不忘、恒心不变的结果。

虚心更是人所共知、做学问必备的素养。学无止境，如果盲目地认为自己很了不得了，那就难于前进了。毛主席的名言“虚心使人进步，骄傲使人落后”“学习的敌人是自己的满足，要认真学习一点东西，必须从不自满开始”。这里要强调的是，虚心并不是做个好像谦虚的样子给别人看，而是发自内心地感到自己知识的不足甚至贫乏，这才会真正对自己产生继续奋进的动力和压力。实话说，如果年龄和精力允许，我巴不得再从本科读起，再来一轮求学生涯。

然而，令人感慨的是，由于自然规律的安排，这已不可能了。我已由充满活力的青年变为了步履蹒跚的老者，由满头青丝长出了斑白鬓发，由红光四溢变为了皱纹四起。自然规律不可挡、不可避，但也不必害怕、不必畏惧、不必担忧。

老师们，朋友们！如果说“夕阳无限好，只是近黄昏”，我更爱晴空晚霞夕阳红，“老夫喜作黄昏颂，满目青山夕照明”。退休并不意味着年已迟暮，也绝不是船到码头车到站。它不过是人生旅途上的一个驿站，不过是生命之舟的再次扬帆起航。我们要在花甲重开之年，怀波澜不惊、岁月静美之淡定心态，敞开怀抱欢迎和拥抱退休生活这人生第二个春天。它同样可以成为希望的春天、明媚的春天。这里，我想用自己有感而发的几句打油诗来结束自己的发言：

白驹过隙岁月匆，躬耕湘大四十盈，
粉笔电脑传新知，三尺讲台践初心；
桃李已见果实累，莫道夕阳近黄昏，
赤橙黄绿挥彩笔，描好人生第二春。

最后祝湘潭大学欣欣向荣，越办越好！

祝各位领导、各位老师、各位同学身体健康、阖家幸福，心想事成、万事如意！

谢谢大家！

——在2023年教职工荣休暨新教师入职仪式上的发言

（作者系湘潭大学退休教授）

我的扎根感言：跟跑、并跑、领跑

王先友

尊敬的各位领导、老同志、各位校友、老师们、同学们：

金秋九月，稻菽飘香。伴随着第 39 个教师节的悄然而至，我们迎来了毛泽东同志为学校题写校名暨建校 65 周年华诞！在这个隆重的节日庆典上作为教师代表发言，我感到万分荣幸。在此，请允许我向长期以来关心、支持我的各位领导、各位同事表示衷心的感谢，向奋战在教学和科研一线的老师们说声：教师节快乐！

65 年前，一纸校名、一句嘱托，饱含了一位伟人对家乡的深情眷恋，也由此开启了扎根伟人故里办一流大学的宏伟篇章。我 1993 年来到学校，寒来暑往，三十载弹指一挥间。在这里，我从一名风华正茂的青年学者，变成了一位两鬓斑白的老教师。回忆扎根湘大 30 年的点点滴滴，总有说不尽的快乐与幸福。

20 世纪 90 年代，我从南开大学博士后出站，自此扎根湘大。尽管学校位置偏僻，条件艰苦，但我始终认为，科研工作只要面向国家需求和经济主战场，瞄准一个方向扎根下去，同样能够产出高水平的成果，同样能够为国家作贡献，同样能够彰显大学教师的价值和意义。因此，在科研条件并不完备的情况下，我毅然选择了当时还是“冷门方向”、但国家特别需要的新能源方向作为自己的主攻方向。

科学研究没有窍门可走，为了验证一个重要数据往往需要进行上千次的实验，因此要坐得住“冷板凳”，要有“咬定青山不放松”的韧劲和执着。30年来，我瞄准新能源领域的“卡脖子”难题，埋头苦干，一刻也没有停息。从合作出版国内第一部锂电池专著，到第一次提出“钠离子电池”和“氟离子电池”概念，再到第一个提出金属氟化物用作锂电池正极材料，我突破了一个又一个电池的核心技术，实现了从跟跑、并跑，到领跑的“质”的飞跃！

扎根湘大30年，承蒙领导的关心和同事的支持，我先后承担国家重点研发计划等科研项目，连续9年入选Elsevier“高被引中国学者”，是“科学中国人2016年度人物”，2020年入选英国皇家化学会会士，2022年入选斯坦福大学全球前2%顶尖科学家。今年5月，当选为俄罗斯国家工程院外籍院士。

道虽迩，不行不至；事虽小，不为不成。扎根湘大30年，我始终不忘立德树人初心，始终坚守教学第一线，努力培养学生“面向国家需求、苦干实干”的治学精神和工作作风，引导他们面向国际前沿做科研，鼓励他们把论文写在祖国的大地上。每当看到从世界领先的电池行业老大—宁德时代，到电池材料的领军企业—贝特瑞，再到国内众多电池企业的骨干和领军人才，都出自湘大的“三拱门”，出自我的实验室，心中感到由衷的欣慰！

乘风破浪扬帆劲，奋楫笃行开新篇。今年，是纪念毛泽东同志题写校名暨建校65周年，也是习近平总书记对学校作出重要批示5周年。值此佳节，衷心祝愿学校在“双一流”建设的新征程上凝心聚力，再创辉煌！湘大的明天一定会更美好！

再次祝大家教师节快乐！祝各位工作顺利、阖家幸福，万事如意！

谢谢大家！

——在纪念毛泽东同志题写校名暨建校65周年大会上的发言

（作者系湘潭大学化学学院教授）

赤诚爱献湘大 奋进中寄我情

葛幸幸

尊敬的各位领导、老师，亲爱的各位同学：

我们常说：一朝踏入三拱门，此生都是湘大人。我是1982年毕业分配到体育教学部工作（当时叫体育教研室），成为湘大人已有四十余年。我很荣幸见证了学校的重大发展与变化，我很自豪能够为学校的发展贡献绵薄之力，我骄傲我是湘大人！

人们还说：退休之人都是有故事的人。我没有太多的精彩故事可讲，但愿意与大家分享一下作为湘大人的两点感受：

感受之一，热爱学校是湘大人的共同特征，创业前辈的担当奉献，塑造了湘大人的爱校情怀。

我刚到湘大任教时还不到20岁，湘大人荒山建校的拼搏精神、潜心钻研的治学态度，特别是老一辈教师不畏难、不怕苦、乐于奉献的精神深深地感染了我！我还记得1983年时任副校长、工会主席的王占宗率领教师队伍自带被褥、打着地铺参加湖南省高校教师田径运动会，最终取得团体第三名的好成绩。就是这种精神成了我扎根湘大四十年的原动力，就是这种精神激励我踏实做人、勤奋做事，坚守教学第一线。我由一名听故事的人成了讲故事的人，我要发自肺腑地说一句：湘大人，我爱你。

我爱湘大校园的雅致清秀之美。初到湘大，映入我眼帘的第一景象是一田的煤渣跑道和别样的主席台，简陋的校舍，泛黄的道路。体育教学条件艰苦，雨天在食堂上体育课，在蒸饭的雾气中教学跳马。而今漫步校园，四处青山秀水，满眼清秀雅致，校园的十二美景已沁入心田，新建的西山六百亩美景更让人期待，学校运动场馆更是大为改观。在这样的校园中工作、学习怎不叫人激情澎湃、流连忘返！

我爱湘大的奋进发展历程。学校进入双一流，都有每一位湘大人的努力与付出，特别是今日荣休的老师们和光荣在校三十年的老师们，更能体会到和学校一起成长的快乐。从初为人师到教授光荣退休，四十年的奋斗，我体验到了奋斗中的激情，努力中的自豪，坚守中的美丽！种子的生长离不开肥沃的土壤，是学校这片土壤不断增氧、不断翻新才促进了我的成长，成就了我的今天。

感受之二，爱护学生是湘大人的共同情怀，关心学生的成长，助力学生的发展，成就了湘大人的事业情怀。

易灵芝教授说：“教育，是只许成功不许失败的实验，宁愿少写一篇好论文，也要多培养一个好学生。”何云波教授说：“教育就像一场约会，也是一次平等的对话，更是一种心灵的共情。”

在四十年的教学工作中，我坚持用知识引导学生，用爱意温暖学生，用品格感化学生，运用体格、体型、体态之美引领学生的健康认知，用体验运动线路、运动方向、运动速度提升学生的本体感受和运动能力，努力当好学生的良师益友。法学院王霞教授曾对我说：葛老师，我要感谢您！在上体育课时，您鼓励我在全班同学面前示范跨栏动作，表扬我不畏困难，这对我产生了很大的影响，勇于克服困难成了我的人生信条。

在四十年的体育竞赛活动中，我让学生用游戏的规则约束与规范自身行为，在体验成功、感受失败中把控情绪，充分享受体育的快乐。一位经常失眠，患有抑郁症的学生在参加健美操比赛后动情地对我说：葛老师您拯救了我，改变了我，现在我信心满满，充满激情，学习效果也大大提升了。经过同仁们多年的打磨，校园体育文化蓬勃发展，现在已形成校园十项品牌赛事，参加的人员越来越多，影响越来越广。

在湘大奋斗的四十载，我乐在其中，收获也在其中。今天我只是退出了教学第一线，我对学校的情义不会改变，对学生的情怀不会改变，我仍然是湘大人，退休不褪色，离岗不离情，我将以饱满的热情迎接我退休后新的人生。

我相信只要每个湘大人坚守和弘扬爱学校、爱学生之情怀，从自己做起，扎根湘大，发扬传统，追求卓越，学校的明天必定更加灿烂，更加辉煌！我也希望湘大的体育运动水平越来越高，期待能有人早日打破我已保持四十年之久的女教职工跳高纪录。

谢谢大家！

——在2022年度教职工荣休暨“光荣在校30年”纪念章颁发仪式上的发言

（作者系湘潭大学退休教授）

投身学校建设三十年给我成长

段 斌

尊敬的各位领导，各位老师：

我很荣幸今天站在这里，作为在校工作满30年的教师代表发言。30年来，我见证和传承了湘大人不怕苦、敢拼搏的奋斗精神，积极投身学校建设，在亲历湘大发展的同时，自己也得到了成长。我对学校、各位领导、我的同事，特别是我的学生充满了深深的感激和热爱。借此机会，我想分享一下我在湘大的三段印象深刻的经历。

第一段经历是在20世纪90年代，邓小平南方谈话掀起了改革开放和现代化建设的新高潮。1995年我和另外四位同事组成团队开发校园IC卡就餐收费系统。学校领导给我们两个月时间研发样机，由三个部门联合出资30万元，开发生产就餐收费机80台，于当年寒假后正式启用。开始运行时系统很不稳定，餐厅主任谢孟林说，支持学校的科研产业发展，数据错误不用怕，肉烂在锅里。正是因为学校领导、老师和同学的支持和包容，从1995年到2000年这5年时间里，湘潭大学开发的校园IC卡就餐系统推广应用到6个省140多所学校。随后在副校长王键和刘长青主持下，获得教育部教育管理信息中心和中国建设银行总行的支持，2001 年在我校成立教育部教育管理信息中心校园卡标准化研究所，同年主持制定并出版《中国教育集成电路（IC）卡规范》。

我想分享的第二段经历始于 2010 年左右，当时教育信息化被提到了高校发展的重要地位。学校 2012 年入选教育部第一批教育信息化试点单位后，率先将网络学习空间建设作为重要试点内容进行研究、应用与推广。2017 年教育部科技司专家组现场验收获评优秀，成果入选教育部科技司“教育信息化优秀案例集”。当时本人为学校信息化建设专家组组长，见证了学校领导组织网络中心、信息工程学院、校党政办人员集中熬夜写材料；信息工程学院 30 多门课程的任课教师现场向教育部领导展示自建的网络学习空间，展示如何将技术融入教学并改变学生的学习方式和学习成效。

值得回顾的第三段经历始于 2018 年前后，学校落实教育部本科教育工作会议精神，坚持“以本为本”，推进“四个回归”，加快建设高水平本科教育、全面提高人才培养能力。学校深刻认识到，工程教育专业认证已经使我们在国际舞台上，按照国际标准培养具有国际竞争力的人才。学校所有含工科专业的学院都开展了专业认证，19 个专业实施了专业认证标准，其中 12 个通过了认证；本人担任院长的原信息工程学院，3 个专业通过认证，5 个专业获批国家一流本科专业建设点。在此基础上，湘大独创性地设置专业认证指导中心，将 60 多人凝聚在一起，探究毕业要求制定、支撑与评价的系统思维、工程教育理念和认知科学原理，推进毕业要求达成情况评价结果的运用，积极开展工程认证的相关工作。

非常感谢学校的创造性实践给了我成长机遇。中国工程教育专业认证协会电类专委会吸纳我为学术委员及秘书处成员，特别是去年我国作为《华盛顿协议》正式成员接受周期性检查期间，我有幸担任入校考察专家组成员参加现场认证，接受华盛顿协议国际组织的在线观摩，服务国家战略。

各位领导、各位老师，“光荣在校 30 年”并不意味着自此可以“躺平”。人类生命的意义或价值是什么？天文学家告诉我们，人类活动只是星辰轨迹中的一瞬；地质学家说，文明不过是冰期之间一段跌宕起伏的插曲；生物学家说，所有的生命都是为生存而进行的斗争；历史学家告诉我们，“进步”是一种错觉，其辉煌终究会以衰败而告终，古今中外一些理论家对这个问题的探讨似乎让生命失去了价值和意义。观察刚学会走步的小孩反而会得出更积极的结论，他们从新奇的活动中获得了快乐。我们为什么要不断地工作？人们不断工作和母鸡不停下蛋是同样的道理。每个生命隐隐之中都有一种强烈的冲动，这种冲动促使他积极活动。

然而，个人的忙碌没有良好的环境，正确的领导组织，优秀的团队，到头来也是碌碌无为，积极的活动不可持续。作为湘大的一员，需要自觉地把个人利益与社会利益、公共利益相结合，凝心聚力，在实现国家和学校的利益过程中实现个体的利益。正如刘起军书记在新学期工作会议上所说的，要肯干事、能干事、勇于奉献，为推动学校事业的发展贡献力量。感谢学校开启了服务国家战略的伟大事业，在这个大家庭中我们能够为湘大的发展建设贡献一份力量，从而使我们人生的活动有了意义。

长江浩瀚汹涌，推动湘水川流不止；湘江波澜壮丽，随同大江奔腾向前。祝福湘大的明天更美好！

谢谢大家！

——在 2022 年度教职工荣休暨“光荣在校 30 年”纪念章颁发仪式上的发言

（作者系湘潭大学自动化与电子信息学院教授）

致敬扎根伟人故里的湘大人

贺迎宁

尊敬的各位前辈、领导、同事：

很荣幸作为新进教师在如此隆重的仪式上发言。刚才拿到这枚校徽，我的内心无比激动。我相信许多人和我一样，从小向往成为一名光荣的教师，这枚校徽代表我们作为湘大教师的使命感和责任感！在此，我想代表新进教师向所有扎根湘大、为湘大竭诚奉献的前辈们致敬，衷心感谢大家为我们开辟了湘大的美好时代。

我在入职之前其实对湘大的了解并不多，但在入职之后，我感受到了湘大对新进教师的人文关怀。我印象最深的就是入职手续的办理非常高效，而且在我们比较关心的安家费和科研启动经费上，手续一点也不拖沓。在教师岗前培训过程中，教师工作部精心准备了每一次培训内容，还组织了多次集体活动，让我们感受到了集体的温暖和力量。在学院层面，对新进教师的关怀也是无微不至的。不仅在教学上安排“一对一”教学指导，还在科研上给予我们很大的便利。总之，学校在方方面面都让我感受到两个字："实在"，也促使我萌生"扎根湘大"的理想。

最近，教师工作部精心准备了"扎根湘大"系列推文，我阅读后特别感动。何云波教授的"一入三拱门，终身湘大人"，让我印象深刻。李伯超教授的个人经历让我感同身受，因为我也出身农村贫苦家庭，父母还是重度残疾人，我深知教育对人的发展的重要性。因此，我决心向前辈们看齐，把"扎根湘大"当作我的个人使命。

那么如何扎根湘大呢？我有我自己的解读。就在我入职的当天，正好碰到一位教师在办理离职手续，他是要调去其他大学，于是我很好奇为什么离开。他说原因是多方面的，待遇、资源、地理位置、子女教育等方方面面。我当时无法反驳他，优秀教师就这么流失了，实属可惜，也让我感觉到"扎根湘大"并非易事。那应该怎么做呢？我想，首先应该树立正确的思想观念，湘大是伟大领袖毛主席亲自倡办的全国重点大学，习近平总书记在 2018 年还作出重要批示，希望我们"扎根伟人故里，把学校办得更好、更有特色"。所以我们有充足的理由相信可以在伟人的故土上把湘大办好，为社会输送优秀人才。其次，年轻教师要有好的发展，就要有施展才华的空间。湘大入选了"双一流"，就是一个很好的契机。我也注意到学校在制度层面上做了许多努力。相信未来在学校领导和老师们的共同努力下，湘大会越来越好，我们的前途一片光明！

关于扎根，我还有一个个人经历想和大家分享。我在复旦大学从事博士后研究期间，曾经有个非常好的机会去另一个机构深造。但是我最终选择留在复旦大学完成我的工作。在我的坚持和努力下，最终取得了一些研究成果。我也因此获得了复旦大学"超级博士后"的荣誉称号。入职湘大后，我还入选了湖南省的百人计划青年项目。我想，如果当初没有我的坚持，也许就不会有后来的回报。所以我把这一经历看作"扎根科研"的经历。这也让我想起前段时间我问物理学院的杨雪娟院长：年轻人如何能够脱颖而出，做出优秀的成果？杨院长结合她的个人经历提出，一是要推陈出新、敢闯敢拼；二是要甘坐冷板凳，厚积薄发。我想这就是一种扎根湘大的精神。现在，我们的数学学科已经入选"双一流学科"，而我作为物理与光电工程学院的一员，将继续奋勇拼搏，为湘大的"双一流"学科建设贡献力量。不仅扎根湘大，而且要在湘大开出文明之花、创新之果。

最后，再次向各位前辈们致以崇高的敬意，也衷心感谢湘大所有的领导和老师，谢谢大家！

——在 2022 年度教职工荣休暨“光荣在校 30 年”纪念章颁发仪式上的发言

（作者系湘潭大学物理与光电工程学院老师）

湘大最美的风景是人

华　进

敬爱的各位师长、各位同仁，亲爱的毕业生们：

二十三年前的夏天，我考上了湘大，父母随我第一次离开南山村。那天天还没亮，父亲用一根扁担挑起行李，母亲打着手电筒，一家三口起起伏伏走过长长的河堤，去镇里赶着去城里的车，又从城里赶着去湘潭的车。到湘大的当晚，疲惫不堪的父亲正愁没地方落脚，一位中年男子站在宿舍门口喊着：“谁的家长没地方住，跟我走!”于是，不舍得花钱求宿也不懂去何处求宿的父亲，去他家住了一晚。后来才知道，这位中年男子就是我的班主任。父亲被老师邀请到家里的那一幕，连同父母送我上学的场景，成为我心中经典的回响，那是我第一次以学生的身份被湘大接纳，终生难忘。

四年后，我被保送到新闻系读研究生。在一次选修课上，我见到了一位刚从媒体调来湘大的老师，他讲到新闻理想时满含热泪，我当即决心要做他的弟

子。在北苑宿舍楼前的电话亭里，我鼓起勇气拨通了他的电话，他爽朗地笑，很快就答应了我的请求。这是我第二次以学生的身份被湘大接纳，同样终生难忘。

九年后，翻山越岭的我终于可以郑重地向母校投上求职简历。我再次穿越三拱门，走向俱乐部，回到被称为湘大布达拉宫的文科楼。课堂上，学生们开始叫我一声老师，我激动不已，这是我以全新的身份第三次被湘大接纳。如同一颗种子，在和时间做了多年的朋友之后，我终于被母校赋予了破土而出的能量。

十年后的今天，我的导师已经退休，我的班主任即将退休，我的父亲已经去世十五年，而我已在湘大教书十年。我学着我的老师的样子，接纳了一批又一批来到湘大的新生，慢慢地，我看见学生长成了他们喜欢的样子，我也长成了我所喜欢的样子。

而我，不仅是我，我还是你们，是你们中的每一个，我只是无数湘大人的一个缩影。我的班主任，我的导师，也不仅只是我所遇见的班主任和导师，湘大还有无数这样的班主任，无数这样的导师，在爱着无数的我，爱着此时此刻的我们。

那么，当你离开湘大的这一刻，是否还记得当初走进三拱门时，是谁第一个接纳了你，是谁给你讲了第一课，是谁启蒙了你，又是谁让你找到了大学的价值与存在的意义？

所以，是谁，在你离开湘大时，会令你恋恋不舍，以至于要去郑重地道别和致谢？

湘大十二景，最美的风景是人。有些伟大的人就在身边，能够认出他来已是生之幸运。湘大最美的风景是人，他是我们永远怀念的前辈和大师，也是和你同甘共苦的同学和老师；他是与你因热爱而结缘的社团成员，也是陪你一起熬夜完成报告的项目组成员；他还是书店才华横溢的师兄，小酒馆特立独行的学姐，图书馆孤独的守门人。

湘大最美的风景是人，是即将离开母校跨越山河的你们。愿你们无畏前行，不哗众取宠，不泯然众人，不失人之为人的主体性；愿你们做一个真人，说真话，做真事，写真文章，交真朋友，守真性情；愿你们越长大越像个孩子，偶尔写诗，经常想象，永葆天真；愿你们有翻山越岭的勇气，不断创造价值，拥抱人生的多重可能性；愿你们一步一个脚印，在机械的日常里，留下美的历程。

湘大最美的风景是人，最美的风景是湘大人。那些吃苦也像享乐似的岁月，便叫青春，而你的青春，已经属于湘大；多少青春的流泪的故事，最终都变成了可以笑着讲出的故事，而你的故事，已经融入湘大。你离开，湘大是你的乡愁，你回来，湘大是你的归属。在这毕业的最后时刻，让我们举杯致敬，敬浩瀚宇宙，敬大美自然，敬巍巍母校，敬老师，敬朋友，敬家人，敬自己——

伟大的戏码继续上演，而你或可贡献诗句一行！

——在2023届毕业生毕业典礼暨学位授予仪式上的发言

（作者系湘潭大学文学与新闻学院老师）

赋予生命意义， 寻到此心安处

邬欣言

尊敬的各位领导、老师，各位亲爱的同学们：

在毕业季，作为老师，我们接受了太多毕业生的感谢。但是，在今天，我也想代表老师们对各位同学道一声感谢！尽管在工作中，我们也时常会有各种压力，各种因为考核、竞争、内卷和脱发所支配的焦虑和恐惧。但是每当我在课堂上，看见你们充满兴趣、因求知欲而闪亮的眼睛；在校园中，看见你们青春洋溢、充满善意的笑容；在图书馆和教室里，看见你们苦读的身影；在毕业论文的致谢中，看见自己的名字被你们提及，说因为老师的一门课程，让你们爱上了一个专业，感受到了学科的魅力；在今天，看见学有所成、意气风发、即将要毕业的你们——这些都会让我不由得感叹：做教师、做湘潭大学的教师简直是这个世界上最幸福的职业。所以，真的要谢谢你们！因为有了你们，才成就了我们作为教师的价值和意义。

临别之际，你们一定收到了很多祝福，祝你前程似锦、祝你一帆风顺、祝你心想事成、相约顶峰再见！但是我在这里，却想说点不一样的。因为，谁又能保证人人的未来都能一路坦途、前程似锦呢？我当然希望你们当中能产生不少未来的行业大牛、业界精英，成为我们的杰出校友，最好能回来为母校捐上几栋楼。但是我们也明白，你们中的很多人，也许，就是一个平凡的人，就像我一样。

接纳自己的平凡和普通，其实并不容易。在这个竞争异常激烈的时代，不少人从小便被裹挟在各种“赛道”上，生活在“别人家的孩子”“人生赢家”的阴影之下；很多年轻人在“卷赢”和“躺平”之间挣扎和彷徨。有人说，“内卷是现代社会的病，躺平是年轻人的解药”。从心理学的角度来看，在压力非常之大时，偶尔的“躺平”是可以缓解焦虑的，但是一直躺平，则是一种“病”，得治！对个人而言，卷或躺，都无法成为解药，能成为解药的，唯有你为自己的生活赋予积极的意义、构建稳定的秩序。我想分享这样三个观点：

第一，“罗马”不是目的，人，才是目的。有人说，“条条大路通罗马，但是有的人一出生就在罗马”。罗马固然辉煌，值得憧憬。但是，路上的风景，以及你在路上踏实走出的每一步，就是不值得的吗？世界那么大，为什么你非要去罗马？你怎么知道，到了罗马，就是终极“上岸”了呢？罗马不是目的，努力走好这段路的人，才是目的；罗马不是唯一的选择，清楚自己的热爱和优势，找准自己的方向，不要因为别人的选择，束缚了自己的可能性。

第二，努力的意义不是为了做“人上人”，而是为了自我成长。健康而稳定的自信和成就感，不是通过高别人一等来获得，而是在努力朝向“理想的自己”的迈进中得到——承认自我的有限性，但仍尽最大的努力去迎接挑战、创造更多的可能性；接纳生活中的事与愿违与各种艰难，但仍然热情地、坚韧地朝着自己设定的目标走下去。

第三，将自己人生的意义拓宽一点，不把人生的意义只局限在个人身上。心理学家阿德勒说，要让自己的人生有意义，就必须为别人的人生做贡献。人只有在共同体中寻找到贡献感，才能体会到幸福。这里的共同体，既是你的工作团队、单位、你所在的行业，也可以是你的家庭，更是国家、社会，甚至是全人类。在人生这段仅此一次、独一无二的旅途中，最重要的课题不是获得成功，而是活得有意义；最珍贵的体验不是优越感，而是价值感；让生命闪闪发光的，不是名利，而是贡献。

所以，我祝你们：不随波逐流，不将获取金钱、名利、权力视为“宇宙的尽头”，走好属于你自己的路；不急，也不躁，不管是快还是慢、顺境抑或逆境，都能从容坚定地前行，相信自己的人生，会像苏东坡锅里的猪肉那样，“待他自熟莫催他，火候足时他自美”；不卑，也不亢，尊重他人和自己，就算身处巅峰，仍能常怀谦卑和敬畏；即便身陷谷底，也不丧失继续攀登的勇气。

愿各位，出走半生，归来仍不油腻；阅尽千帆，寻到此心安处！

——在 2022 届毕业生毕业典礼暨学位授予仪式上的发言

（作者系湘潭大学碧泉书院·哲学与历史文化学院老师）

最忆此刻共话时

禹宁瑶

尊敬的各位领导、各位老师、亲爱的同学们：

首先，请允许我代表全体教师向2021届全体毕业生致以衷心的祝贺！祝贺大家开启人生的新篇章，从此白衣怒马，仗剑走天涯。作为老师，希望大家以后无论走得多远，都不要忘记在这里发生的一切。

不要忘记湘大“解放西”的人间烟火。在同学们雅称“解放西”的联建，我们点过“续命”的咖啡和奶茶，我们围桌而坐吃过火锅和麻辣烫。每到饭点，那里就是干饭人的天下。每天经过联建，我们都能看到养家糊口的小夫妻，他们卖着水果，卖着煎饼；看到起早贪黑的小商贩，老老少少，在这条街上演绎着人生百态。记住这里，就是希望同学们能从这些平凡中理解生活的意义。今后你们可能会遇到家境撑不起理想、能力配不上志向、回报对不住付出、心愿熬不过岁月的人生坎坷，希望同学们时刻记住联建的人间烟火，保持一颗平凡心，在艰苦面前甘之如饴，在得失面前安之若素，在名利面前淡之若水。

不要忘记湘大图书馆的智慧之光。在书香馥郁的图书馆，窸窸窣窣的翻书声见证了你们的求学岁月，密密麻麻的笔记记录了你们的成长进步。在图书馆，有我们看过的书、刷过的题、熬过的夜，正是通过学习使我们的视野更为广阔，思维更富于灵气。记住我们的图书馆，就是希望同学们以后无论走到哪里，都不要忘记怀揣梦想的我们是如何求知若渴的，始终把学习当成一种精神追求、一种生活方式，向能者学习，拜实践为师，做一个终身学习的人，勇立潮头，用开放、先进的理念，引领时代的潮流。

不要忘记田径场的身心愉悦。生命在于运动。哪怕人再多，天再黑，蚊子再汹涌，二田都留下了我们挥洒的汗水。记住这里，就是希望同学们以后能时刻不忘锻炼身体，强健体魄。从今以后，不会再有宿管查寝，希望大家可以早点回家，按时吃饭，科学作息，保住你们的发际线。向我们成功登顶珠穆朗玛峰的浦爱民校友学习，以强有力的体魄，不断攀越人生的高峰。说到高峰，还要请大家不要忘记我们的情人坡——百步梯。这里有着某些同学的一眼万年，有着某些同学的情窦初开。这些美丽的回忆，不论是苦是甜，都陪伴着你们走过了一段美好岁月。不论今后是共奔美好新生活，还是各自安好，都希望你们的心里晴空万里，留下的都是美好。

不要忘记“三拱门”的责任担当。无论是“三拱门”代表着文、理、工的综合集成，还是代表着德、智、体的全面发展，都是我们湘大人昂扬向上的共同标识。几年前，你们怀揣着以梦为马的激情，提着行李踏进了三拱门，今天，你们又将从这里出发，各奔前程，前往人生的另外一所“学校”。不忘我们的三拱门，就是希望同学们不论是继续学术深造，还是走向社会实践，一定牢记我们是湘大人，我们志存高远，我们的人生一定是奋进的而非躺平的；是新潮的而非陈腐的；是互利的而非自私的；是平等的而非霸凌的！

最后祝同学们有所学、有所爱、有所成。常回家看看。

——在 2021 届毕业生毕业典礼暨学位授予仪式上的发言

（作者系湘潭大学马克思主义学院老师）

第四辑　践行篇

湘潭大学“扎根精神”实践探索专辑

扎根伟人故里，坚持立德树人，湘大精神就是一种扎根的精神。艰苦创业，奋发图强，爱岗敬业，追求卓越。向往讲台，站稳讲台，超越讲台，把讲台站成风景；静心如水，婉美似风，最美湘大扎根人。

我所理解的湘大的精神

郑必清

弹指一挥间，湘大复校已经 50 年。湘大人的精神是在这 50 年，尤其是前 20 年内孕育和成长起来的。我来湘大 48 年，见证了她成长的全过程。依我的体验，下述三点是湘大精神的重要内容。

吃苦耐劳，艰苦奋斗

吃苦是复校初期每一个湘大人少不了的经历，因为一报到就住进农家。当时的农村住的茅草屋，喝的池塘水，点的煤油灯，走的田埂小路。别说去长沙，就是去湘潭市，一见到裤腿、鞋子上沾满黄泥巴的准是湘潭大学来的。

这里要特别说说“耐劳”的问题。湘大复校时的建设理念就是“荒山起家、劳动建校”。每个湘大人一进校先发一套劳动工具，铁锹、锄头和草帽。劳动是经常的事，建房、栽树、修路无不流淌着湘大人的汗水。1977 年修建首批职工宿舍，也就是原南阳村前面的四栋红砖房，挑砖等小工一部分就是靠职工轮流干的。当时正赶上三伏天，政治系（包括哲学、经济、历史专业）的共产党员们带头顶着火辣辣的太阳，一次挑着八块、十块砖，走着桥板上三四层楼，真是挥汗如雨，全身湿透。房子盖好以后，房前屋后的绿化分配到人，两户一棵树，负责挖坑（一米见方、一米深）、栽种到后期管理，要求栽一棵成活一棵。我邻居浣淑瑜老师还特地借来一辆斗车，从多方收集渣土、烂菜叶给树施肥，他家周围的树长得特别茂盛。从羊牯塘到现在南校门的路主要是职工们修建的。1977 年 7 月 9 日轮到我们政治系，这个日子我记得特别清楚，因为历史专业的傅星老师第二天遇难了。

7 月 9 日早饭后，政治系的 30 来人从各自居住的农家集中到冻肉厂，平整从冻肉厂到羊牯塘约 100 多米的路段，自带干粮干了一天。第二天是星期天，傅星早饭后来回走了 20 多里路到湘潭市十八总买粮食、蔬菜，下午又用搓板在木盆里洗了被子。正在这时，双胞胎儿子央告爸爸，"带我们到旁边的塘里洗澡吧!"因两天不停地干活，傅星本来就很累，面对 12 岁儿子的要求还是不好拒绝。他领着孩子到了塘边用手比划说："你们到那一头等我，我从这一头游过去。"结果他下水游了一段就沉下去了。孩子见他久久不出来，预感到不好，待找到人来施救时他已溺水了。傅星夫妇是北大毕业的，和我们一起从长春来到湖南建设毛主席家乡大学，不幸壮志未成，英年早逝，十分可惜。

化机系的描图员费玉洁随夫从吉林来到这里，住在砂子岭。1977 年初冬的一天下午下班后骑自行车回家，临到家门口遭遇车祸身亡。从武汉来的薛国忠老师的夫人，在农村住家旁边的池塘洗衣服，不慎从水桥上跌落溺水而亡。这些只是我耳闻目睹的。今天我们回望湘大复校 50 年，颂扬湘大精神不能忘却了他们为建设湘大所做出的牺牲，应当缅怀他们，纪念他们。

奋发图强，不断创新

湘潭大学的学术研究是从 1977 年起步的。随着"四人帮"倒台和"文化大革命"的结束，知识分子甩掉了"臭老九"的帽子，脱去了各种精神枷锁，焕发出无穷的活力和积极性。湘大人又来自四方八面，都想在新单位大干一番，想为建设毛主席家乡大学出把力，把湘潭大学建设得更好。在拨乱反正的启示和改革开放的鼓舞下，创新思维，奋发图强，在短短几年里开创出了多门新学科、强势学科、新的技术产品和有影响力的新学术观点，为湘潭大学的学术研究和学科建设开了好头，奠定了基础。

消费经济学是在湘潭大学首创的。本来，消费是人与生俱来的要求，没有消费，人类就不能生存。但我国很长一段时期内错误地把生产与消费对立起来，片面地强调生产，忽视消费，主张“先生产、后生活”“先治坡、后治窝”，其结果是生产发展了，但多是生产资料，生活资料极度缺乏，以至于连食盐、火柴都要凭证限量供应。遏制消费严重地挫伤了人们的积极性，干活出勤不出力，反过来影响着生产，使国民经济下滑到了崩溃的边缘。

挫折教训了人们，生产到底是为了什么，是为生产而生产，还是为消费而生产？湘大经济学专业的部分教师一反过去的思维定式，思考如何辩证地认识和处理生产与消费的关系。在当时政治系主任尹世杰老师的倡议下，由我（时任政治系经济学专业教研室主任）出面，邀集了十多位教师参与一起研究消费经济问题。我们从学习马恩著作开始，把马克思、恩格斯、列宁、斯大林等人的著作中有关生活消费的论述全部摘录出来，按其中心思想系统地加以编纂，印发给每一个人。其中重点学习马克思《〈政治经济学批判〉导言》中关于生产与消费关系的论述，在学习中领悟生产与消费关系的真谛。然后进一步讨论消费经济是不是一门独立的学科，它的研究对象、内容、理论框架和主要观点。我把讨论的意见整理出一份包括章节标题的大纲，征得大家同意后分工到人，调查研究、撰写初稿。

消费经济学是什么样？这是没有先例的，甚至没有可供参考的成型材料。尽管有一个粗纲，但细化起来仍然漫无边际，只能根据每一个撰稿人的理解和知识结构去发挥。初稿集中起来一看五花八门，有的几乎不沾边，没有一点消费经济的味道。经商量，由尹世杰老师、我和另外两位同志来统稿修改。我们用了很长时间仔细阅读讨论，哪些需要修改，怎么改；哪些需要重写，怎么写，之后分头执笔。修改后的稿子再轮流看，互相改，你改我的，我改你的。每份稿子四个人都要看到、改到，把所有的意见写出来，有分歧的地方再进行讨论，求同存异。反复修改后形成了第二稿，书名定为《社会主义消费经济学》。

为更广泛地听取意见，1982 年以湘大经济系（政治系的三个专业已各自独立成系，尹世杰老师任经济系主任，我任副主任）的名义，召开全国性消费经济学术研讨会，以讨论书稿为主要内容。会后对书稿进行了修改，1983 年 9

月书稿在上海人民出版社出版。它的面世标志着我国的消费经济学正式诞生。该成果获首届孙冶方经济科学奖，这是迄今为止湘潭大学在经济科学领域获得的最高奖励。

之后，以尹世杰老师为首的学术团队不断进取，先后为国家劳动人事部和中央电视大学编写了两套《消费经济学》教材。成功申报和完成了国家哲学社会科学基金“六五”重点项目《中国消费结构研究》，并获湖南省首届社会科学优秀成果一等奖和教育部普通高校人文社会科学研究成果二等奖。1983 年起编辑内部刊物《消费经济参考资料》，1985 年正式出版《消费经济》杂志。次年又召开了第二次全国性消费经济学术研讨会，每年招收消费经济方向的研究生。湘潭大学的消费经济一连创造了六个全国第一：第一个出版《消费经济学》专著；第一个创办了消费经济刊物；第一个建立了消费经济研究所；第一个主办消费经济学术研讨会；第一个招收消费经济方向的研究生；第一个获得孙冶方经济科学奖。一时间，湘潭大学的消费经济闻名全国，也逐步走向全国。

和消费经济学一样享有盛名的还有流变力学和古典文学。另外，“徐洋务”的学术见解和电子衍射仪这样的新技术产品在国内也颇有影响。“徐洋务”是学界同行对我校历史老师徐泰来的戏称，因他在对“洋务运动”的研究中，提出了不同于当时主流观点的看法。我是一个偶然的机会听到华中师范大学的一位老师说，“你们湘潭大学的‘徐洋务’在外很有影响”。徐泰来对洋务运动的见解名声在外。电子衍射仪是物理系邓楚贤老师在 20 世纪 80 年代初研发的。它一通过鉴定就受到了全国高校的广泛关注，北大、清华、复旦大学等纷纷前来订货，至今已生产 2000 台左右，解决了国内所有高校相关领域实验设备的难题。该项技术曾获湖南省重大科技成果三等奖。所有这些都是湘大复校初期在极端艰苦的环境中，自力更生、奋发图强、解放思想、不断拼搏创新取得的，都是湘大人精神的光辉体现。

爱岗敬业，团结协作

湘大是在一个特殊的历史背景和历史环境中复校与建设的，聚集到这里的人有一种特殊的品质，都真诚、朴实、热情。不论走到哪里，只要一提到是湘大的，都特别亲切。走在校园里无论认识或不认识，见面都互相打招呼。对待工作都很敬业，叫干什么就干什么，干一行爱一行，干就干好。同事之间一人有事大家帮，一人有难大家扛。以搬家为例，不论搬到农家还是从农家搬进学校，都是同系同教研室的人互相帮忙、共同担当的。有时上街买东西，或是到更远的泉塘子、云湖桥一带买农副产品，有自行车的结伴骑车，没有自行车的结伴步行，亲亲热热。这种团结协作的精神不只是在生活上，或是已如前述的学术研究上，也表现在教学上。

教学上，团结协作主要体现为集体备课、互相听课及以老带新等制度上。依教师的个体情况看，复校初期从全国各地调来的一批高校教师，年龄大多在40岁左右，少量的50岁左右，是原单位的教学骨干，来了就可以独立上课。以我所在的经济学专业来说，1977年上学期我担任专业教研室主任时共有10多个人，其中来自武汉大学的2人、东北财经大学和中南财经政法大学各1人、东北师范大学和西南师范大学各1人、上海海运学院1人。另外，还有原北京经济学院的1人、华中师范大学原毕业的2人、复旦大学新毕业的2人。年轻教师少，大部分是中年教师。就我来说，我是经济学的研究生，在东北师大教了15年书，是原单位的教学骨干。讲理论经济学不用多准备就可以上。至于比我年长的就更不用说了，比如王美涵老师是原东吴大学20世纪50年代初毕业的，来前是东北财经大学的8级讲师。那时的8级讲师在很多大学也是不多的，一个有三四十名教师的系，有5个或6个就算蛮不错了。还有尹世杰老师，他是1946年老湖南大学经济系毕业的，原是武汉大学经济系主任，当过系总支书记，任教30多年，不知讲了多少遍课，是7级讲师。我们就是在这样一个师资队伍中实行集体备课的。之所以要集体备课，一是大家来自不同的学校，集体备课可以取长补短；二是湘大是毛主席家乡的大学，在人们心目中更神圣，要求更高；三是为了更好地培养年轻教师。集体备课时，相关课程的老师都参加。主讲人先介绍教案的内容，然后讨论提意见，包括基本理论、重点、难点、理论联系实际的情况、口头表达、板书、教态等。修改后再上讲台。所有的人包括尹世杰老师都这么做。上课时还互相听，课后个别交换意见。青年教师除参加集体备课、个别章节试讲和讲授以外，还安排有经验的老教师指导业务进修，每年制定进修计划。这套制度实施的结果，一是年轻教师成长得快，很快就能胜任教学，独当一面；二是教学质量高、效果好。20世纪80年代中期前后，经济系每年都有几个考取中国人民大学的硕士研究生。

人大的老师特别看重湘大的学生，认为他们基础扎实、学习刻苦。

教学上团结协作精神像科研和生活方面一样不全是自发的，需要加以组织，这就是教研室的任务。教研室是教学研究的组织。充分发挥教研室的作用，努力提高教学质量是湘大人精神的重要内容。

（作者系湘潭大学退休教授）

静心如水，　婉美似风

——追忆杨静婉老师

刘建平

我的大学班主任杨静婉老师因病走了，她走得很安详，享年 84 岁。我们湘大 1980 级历史班的同学都十分悲伤。

2024 年元月 27 日 0 时 42 分，杨老师永远离开了这个世界，离开了我们。我是下午 4 时 31 分接到宋银桂同学的电话才知道的。我们随即找车，给杨老师的女儿郑俐打电话表示慰问，请代向郑必清教授慰问，节哀顺变。

我们急匆匆赶到湘水缘，见到了杨老师的儿子郑旸。我们在杨老师灵前鞠躬敬礼。灵前有杨老师亲切、带着笑容的照片。灵堂还播放着她生活的照片、留影，幸福的点滴。我们想表达我们的敬意，送点礼金，但一一被婉拒了。

郑旸说：“我们都是按我母亲生前的嘱托做的，不收礼金，不麻烦组织，不麻烦他人，请您你一定理解。”这时我的泪水一下子出来了。杨老师是多么好的老师，多么崇高的人格。她是不想让自己的痛苦让他人承担，她希望自己以一个美好的形象留存在人世。斯人已逝，回顾杨老师对我的影响，写下一点片段以纪念杨老师。

杨老师是吉林省吉林市人，东北师范大学历史系毕业。1976 年为响应国家的号召，建设毛泽东家乡的大学，她和郑必清教授率家人来到了湘潭大学。他们克服了复校初期的困难，勤奋刻苦，乐观上进，教书育人。

我上大学认识的第一位老师是杨老师，她是我们 1980 级历史班的班主任。记得 1984 年 9 月，我从家乡来到湘潭大学报到，当时报到站设在南苑学生宿舍，很多老同学帮我搬行李。我当时很土气，讲话都是南岳衡山方言，很多人都听不懂。这时杨老师过来了，她身体单瘦，面带笑容，穿着白衬衫，用纯正的普通话对我说：“同学，你要学会讲普通话。”她见了我笑了笑，问我是哪里人，我一一回答。我当时普通话确实讲得不太好，但杨老师一口东北味普通话，让我找到了榜样。我开始向她学习讲普通话，我每天上课、生活、交流，开始讲普通话了，以致后来普通话有点东北味道，这是受了杨老师的影响。她也经常下到宿舍与我们寒暄，对我们关爱有加。

杨老师教学认真，为人师表。她曾为我们讲授秦汉史。她的课条理清楚，声音洪亮，韵味无穷。为了讲好秦汉史，她找来了秦始皇兵马俑的彩色图片，让我们感受了兵马俑的气派；她找到了河南历史博物馆的精美照片，让我们感受古代青铜器的辉煌；她给我们看殷墟遗址的画册，让我们感受了久远的历史。我后来授课也是学她这一招，开阔了学生眼界，深受学生欢迎。

她对秦汉史有独特的认识，在《湘潭大学学报》《社会科学家》等学术期刊发表过系列论文，特别是对汉文帝、汉武帝、汉宣帝时期的政治、经济、文化、社会有独到见解。当时长沙马王堆汉墓出土了丰富多彩的文物，她将其写进了她的论文。历史系还专门派车到长沙，让我们参观了博物馆和马王堆考古遗址，打开了我们的视野。

她鼓励我们要勤奋学习，勤奋钻研，并要求我们在 40 岁之前出一本书。她讲到北京师范大学历史系一个学生分到了山东曲阜孔府工作，当时心情不是太好，但是老师鼓励她努力向学，后来成了孔府档案这方面的专家。她要我们发奋学习，热爱专业，立志成才。我们也暗暗发誓，一定要发奋学习，实现这个目标。大学毕业后我心中确有这个目标，终于在大学毕业 30 岁就出版了书籍，37 岁就出了两本著作，真心感谢杨老师的鼓励。

杨老师工作认真负责，她还担任过历史系系主任，她团结带领老师积极开拓，克服困难，创造了优秀成绩。她教书育人，后来还担任历史系1983级历史二班的班主任，培养了一批优秀人才。她曾荣获“湖南省教育系统‘巾帼建功’标兵”。

杨老师关爱家庭，她关心子女，是位好母亲；支持丈夫工作，是位好妻子。她的丈夫郑必清教授也是我的老师。他是东北师范大学研究生毕业，长期从事经济研究，到湘大后，郑必清教授积极组织课题，开展消费经济的研究。尹世杰教授、郑必清教授率领团队积极研究，于1983年出版了我国第一本消费经济学书籍——《社会主义消费经济学》，获得了首届孙冶方经济科学奖。

杨老师退休后，继续发挥余热，参加了学校本科教育教学指导团的工作，并任副团长。她工作投入，经常到教室听课、查课，对年轻人尤为关心。我多次在文科楼、逸夫楼见到她的身影，她那纤瘦苗条、面带笑容、工作务实的形象令人敬佩。

杨老师关心同学，在路上见到同学，她都要问问同学们的近况，并给予关心。我和宋银桂同学曾一起陪她到岳阳看望单复果、周立志等同学，她亲切的话语，温暖着同学们的心灵。她有一次郑重对我说：“你是党员，要好好学习工作，不要调到其他高校去，要建设好湘潭大学。”我答应了。我想扎根精神就是要一代代传承的，人才是第一重要的。建设好毛主席家乡的大学，要牢记伟人嘱托，坚持立德树人，努力把学校办得更好、更有特色。

杨老师总是以最好的形象出现在我们的面前，记得她七十大寿的时候，我们同学与她吃了一餐饭，我们祝老师健康长寿、福如东海、寿比南山，她露出了开心的微笑。

我去过她家好几次，给老师送过慰问，送过鲜花，也送过水果。去年我还到过她家，那时她身体状况不太好了，但是她仍很关心学校的工作，学校的发展。

2023年，学校召开习近平总书记对湘潭大学老教师的回信座谈会，她不顾炎热积极参加。她是1976年来湘大支援建设的，她希望湘大越办越好。杨老师就是“弘扬扎根精神”代表之一。湘大进入双一流后，她特别高兴。今年是湘大复校50周年，她本可以看到湘大的成就展示，但病情无情，让我们痛失恩师。

老师仙逝，我们无比怀念。写下文字，以表心意。

静心如水，婉美似风。

师恩浩荡，山高水长。

——发表于《新湖南》，2024年1月30日

（作者系湘潭大学原副校长、马克思主义学院教授）

我知道的尹世杰教授

刘建平

今天已是深冬，天空布满铅云，下着初雪。《湘大校友》编辑部申慧见到我说："请您写一篇校史方面的文章，已留好了版面。"她从文件夹里掏出稿样，足有两个版面。我思忖着，今年是尹世杰教授100周年诞辰，那就写一篇尹老与湘潭大学的文章吧！

尹世杰是我国著名经济学家、消费经济学的创始人，首届孙冶方经济科学奖的获得者。他是湖南省洞口县人，1946年毕业于湖南大学经济系，后留校任教，并参加中共地下党的工作。1948年加入中国共产党，历任武汉大学经济系主任、湘潭大学政治系主任、湘潭大学经济系主任、消费经济研究所所长、教授，湖南师范大学教授。2013年1月19日因病在长沙逝世，享年91岁。

尹世杰教授主要贡献在消费经济方面，人们归纳了六个全国第一：第一个把消费经济作为独立学科进行研究；出版了第一本系统研究消费经济的专著；获得第一届孙冶方经济科学奖；第一个招收消费经济学专业研究生；创办第一个消费经济研究所——湘潭大学消费经济研究所；创办了第一家消费经济专业刊物《消费经济》。

我认识尹世杰教授是在 20 世纪 80 年代，那时开会只能远远望见他那清瘦的面容。后来在校办公楼，我见过他一次，十分平易近人，对年轻人也关心。我后来到国际经贸管理学院（今湘潭大学商学院）任党委副书记，在编辑国际经贸管理学院五周年院刊专版时，了解到尹世杰教授的有关事迹。我后来了解到他获得首届孙冶方经济科学奖时，我的老师郑必清教授也获得此项荣誉，只是我们宣传不够。1983 年尹世杰教授主编《社会主义消费经济学》，郑必清教授也参加了编写，1985 年获得首届孙冶方经济科学奖，标志着中国消费经济学的正式成立。

1997 年 3 月，我到洞口县挂职任副县长。洞口县是蔡锷将军的故乡，历史悠久，文化灿烂，山清水秀，古迹众多，旅游资源丰富。这里是红军长征经过的地方，也是雪峰山会战的地方。尹世杰教授是洞口县山门镇石柱乡人，对他的故乡我喜欢作调查研究。有一次我下乡到山门镇，我说能否到尹世杰教授的老家去看一下。镇干部正是石柱人，他陪着我沿着蜿蜒的山路，到了一个美丽的乡村。这个地方名叫石柱，多石灰岩，山下多有钟乳石。他的老家有一个木板房子，足有百多年的历史了，历经沧桑，除了褐色的门框，还有斑驳的窗户。干部一指，这就是尹世杰教授的老家了。我由此想到他当时读书的不容易，要从这里走出大山求学，不知要经历多少艰难。

1922 年 9 月 12 日，尹世杰教授出生在山门镇石柱乡的一户书香世家。他父亲是前清秀才，他在家中排行第四，上面有三个哥哥。他从小随父亲熟读经书，十多岁才送往学校。父亲对他十分严厉，不仅白天要读书，晚上还要挑灯夜读，一盏油灯没燃完就不能上床休息。由于他勤奋好学、天资聪慧，他打下了扎实的古文功底，高小二年级他在全县作文比赛中获得第一名。高中时间，他广泛涉猎文史知识，发表多篇文章，名震一时。

1942 年他高中毕业，因成绩优异被保送到西南联大，因交通受阻，后考入湖南大学经济系。抗日战争时期，湖南大学迁往辰溪县，他寒暑假回家都要翻越险峻的雪峰山，每次备上干粮走两三天，沿途只能借宿茅棚或树下过夜，备受艰苦。1946 年他大学毕业，后到邵阳税务局工作，1947 年他调回湖南大学经济系任教，认识了中国共产党的创始人之一李达教授。他参加了中国共产党的地下党组织，积极开展革命工作。1949 年 8 月 4 日长沙和平解放，李达任湖南大学校长，尹世杰担任其秘书。他在负责行政工作的同时，坚持教学，乐此不疲。

1951 年尹世杰报考中国人民大学国民经济研究生班，李达校长给人大吴玉章校长写推荐信，并叮嘱尹世杰“一心一意好好学，要回来工作”。在中国人民大学学习期间，尹世杰开始从事经济学研究，发表了多篇论文。1953 年他从中国人民大学毕业，应当时已调任武汉大学校长李达之邀，来到武汉大学经济系工作。1954 年，年轻的尹世杰担任了经济系党总支书记、系主任。湖北省经济学会成立时，他任副会长。他坚持行政、教研双肩挑，发表论文近百篇，专著 2 部。

1974 年湘潭大学复校，时任湘潭大学副校长王有群及杨楚乾专程赴武汉大学找到尹世杰，希望他到湘大工作，尹世杰当即答应了。1976 年 11 月他全家来到湘大，开始了艰苦的恢复建校工作。他住在农家，白天上课，还需挑水做饭，晚上在煤油灯下看书写作。1979 年 4 月 28 日，尹世杰在《光明日报》发表的《加强对消费经济的研究》一文，产生了积极的社会反响。1980 年尹世杰开始组织编写《社会主义消费经济学》专著；1982 年 5 月全国第一次消费经济理论与实践研讨会在湘潭召开，著名经济学家于光远专门发来贺信，给予高度评价。我当时在南苑二阶梯教室还听过于光远先生的学术报告，声音洪亮，妙语连珠。1983 年《社会主义消费经济学》正式出版，填补了我国经济学的空白，开拓了理论经济的新领域，并在 1985 年荣获首届孙冶方经济科学奖著作奖，消费经济学从此由湘潭大学走向全国。我记得湘潭大学举办了全国《资本论》学术讨论会，在南苑阶梯教室进行，宋涛、卫兴华等名家来校，尹世杰教授作了报告。

尹世杰教授专注消费经济研究，他带研究生到图书馆借书，有一次，他要借十几本书，我爱人陈果为他们借书，后来由图书馆邹鸿斌馆长特批了借阅手续。尹教授住在松涛村，他清瘦的面容，边走边思考问题；有时还会与研究生交流，谈出思想火花。尹世杰教授还出版了许多消费经济专著，如《中国消费结构研究》《中国消费模式研究》《中国小康水平研究》《消费经济学》《闲暇消费论》《消费力经济学》《消费文化学》《消费经济学原理》《消费需要论》等著作，不断推动消费经济学的纵深发展。

他带的研究生很多，才华横溢、博学多才。袁培树、蔡德容、李新家、国世平、金泽平、杨序瑾、李时华，我都熟悉。我当时在校团委任副书记，指导校学生会、校研究生会工作，担任秘书长。金泽平、杨序瑾是尹教授带的研究生，综合素质很高，组织能力很强，我们组织过很多校园学生活动，富有特色。李时华副教授是尹教授的学生，我们读博士时是同学，她教书育人，被评为全国模范教师。他的儿子尹向东教授，我们多次参加省里会议时见到，交流甚多。他继承了尹教授的研究事业，开辟了新的天地。我在洞口任挂职副县长时，我参观过尹氏宗祠。我拜访了洞口县的一些名人，如著名画家黄铁山、著名作家谢璞、著名教授尹世杰等，我参编了《湖南旅游大观》一书，写了不少洞口县的人文历史，旅游资源。我还专程到岳麓山下拜访过尹世杰教授，向他求教。他对洞口县家乡建设十分关心，对年轻人成长很关心，浓浓的乡情令人难忘。

我们围坐在他的客厅，听他讲过去的事情，乡音亲切，十分健谈。他鼓励我们发展柑橘产业，要注重市场、品牌，重视消费。从中可以看到一位著名学者对家乡的关心，对现实的关注。

我从洞口县回校工作后，到学校党委组织部工作，后来任成人教育学院院长，我还参加了《消费经济》举办的学术年会，发表“重视旅游消费”的观点，后来被收录到论文综述。我后来也写过旅游消费的论文。我当时问一些同事，谁在研究旅游消费呢？一个教授讲，看来你是一个研究者，以后旅游消费可以大大地加强。

看着《消费经济》杂志一期期的出版，我心里十分高兴。抚今追昔，我们不能忘记尹世杰教授的开山之功！奠基之力！我们年轻人更要发奋努力，发扬光大！湘潭大学的消费经济研究更要奋发图强，以纪念尹世杰教授百年诞辰。

——发表于《新湖南》2023年1月9日

（作者系湘潭大学原副校长、马克思主义学院教授）

喜看今朝精神爽，举杯遥祝寄后生！

刘祖武

湘大复校即将50年了，昔日的荒山野岭，今天已变成一个拥有约5万人左右的大学城，其发展速度之快，令人赞叹！我是湘大复校建设的参与者，也是湘大快速发展的历史见证人，回首往事，历历在目，感慨万千。

一、风雨中来到湘潭大学

1978年4月11日，风雨交加，我从江西携一家老小来到了正在筹建中的湘大，这是我一生中十分难忘的一天。两辆军车满载着搬家物资停在原蓄电池厂门口，房子还是临时在红旗村向农民租借的，一家四口就住在一间15平方米左右的民房内，打开门就是猪栏，难闻的臭气，嗡嗡叫的蚊子，一手就可抓住几只。突然来到这样恶劣的环境里，令人十分难受，好像又回到了解放前的农村旧地。更可怕的一幕是，一天深夜，发现一条大蛇在帐顶上吃一窝小老鼠，弄得我们几天夜里都睡不着觉，担心蛇又会钻回来。我们喝的是塘水，点的是煤油灯，是一位姓肖的老师傅给我们分发灯具和供应煤油。每人每月一斤肉，两块豆腐，二两白糖，凭票排队购买。生活用煤要到沙子岭过去的许家铺子，凭煤票购买，自己用土车拉回，再做成蜂窝煤。进城没有公交车，全靠走路。两个小孩，一个六岁，一个八岁，他们上学，就在冻肉厂旁边一处临时搭建的工棚里。刚来校后不久，暴雨成灾，系里还通知要我去市里参加抗洪抢险。好在那时才刚刚40岁，年轻力壮，经得起这样艰苦生活的磨炼。这样的农村生活持续了将近两年，先后搬了两次家，直到1980年的春节，才分到了东坡村2栋的房子。俗话说，“前人栽树，后人乘凉”，我只是希望那些乘凉的后来人，永远不要忘记那些为了湘大早期建设，从祖国的四面八方，来到这块黄土地上忘我奉献的人们。他们是湘大早期建设的开路先锋，是湘大的有功之臣。历史是连续的，没有他们，就没有今天湘大的辉煌。

二、克服重重困难奔向教学第一线

从 1978 年起，我校招收了第一届本科学生。对化学专业的学生而言，为他们上理论课相对容易，而要开出化学实验则是一件十分困难的事，当时学校可说是一张白纸，一切都是从零开始。

当时的基建任务极为繁重。一教学楼和大板房还在建，到湘潭市区的简易公路待开通，没有自来水，就在羊牯塘的农田中打井，从 120 米深的地下暗河中抽水。荒山秃岭需要绿化，在王占宗副校长带领下，发动全校师生员工种树，幼小的苗木，伴随着湘大一起长大，今日湘大的绿树青山，是那时湘大人艰苦奋斗至今可看得见的一个可喜成果。

虽然当时生活、工作条件极端艰苦，但能来到毛主席家乡参加湘潭大学的建设，我感到是一种荣耀，无怨无悔。刚刚报到，马上就投入到了教学、科研工作的第一线。

化学专业是以实验为基础的一门学科。为了给本科学生开出高质量的实验，增强学生的动手能力，我们无机化学专业碰到的第一个问题是没有适合我校当时条件的实验教材。为了迅速开出实验，只好吃“百家饭”，从全国多所著名高校教材中进行精选，组成一个大拼盘。这样带来的问题是，各校要求不同，溶液配置相互不能通用，造成许多人力，物力上的重复与浪费，逼迫我们只能走自己的路，我和王玉鑫、粟友恒老师一起，自编无机化学实验教材并出版，这样才结束了无机化学实验教学上的混乱局面。

第二个问题是缺乏专业实验室。经多方努力，学校决定将一教学楼西头的第一间大教室临时改为无机化学实验室。从外面采购的实验桌很大很重，就是靠我们老师和学生一同自己动手，从车上一张张搬下来，再抬进实验室，摆好，擦洗干净，让学生尽快进行实验。因为原是教室，没有抽风设备，面对化学实验中的有毒气体，只能是打开窗户来应对，就是在那样差的条件下，坚持为学生开出实验。记得童珏教授带学生做一个有些危险的实验，为防患意外，就将样品放在一楼门外的水泥平台上，突然一声巨响，发生爆炸，童老师和一个学生受伤严重，鲜血淋漓，幸好抢救及时得当，才未造成更为严重的后果。

因教师要带高年级学生做毕业论文和进行科研，专业实验用房严重不足。

当时我盯上了二教七楼的三间无电无水的空房，因楼层高，谁也不愿去。为此，我找了后勤维修科张科长，他急教学之所急，立即答应帮我们解决水电问题。为此，他决定将一个报废的茶水锅炉，改装成一个一吨左右的小水塔，好不容易才运到二教七楼，因楼顶大门太窄，就将大门的门框拆除了一边，才将其运到七楼顶部安装。因水压不够，水上不了七楼顶，又在四楼增加了一个加压泵，这样才将水送上楼。在当时，后勤部门的领导与工人，和我们心往一处想、劲往一处使，我们亲密团结，克服了许多难以想象的困难，让我们的科研、毕业论文、专业实验，都如期地高质量地展开，发表了一篇又一篇高质量的科研论文，培养了一批又一批的高素质的大学生、研究生。

作为一个奋战在教学、科研、管理第一线的老教师，我深知团结、合作的极端重要性，全校是一盘棋，没有大家的共同努力，就难有湘大的今天。

三、跟踪世界科学前沿，全力投入激光化学研究

20 世纪 70 年代初，苏联科学家巴索夫等人用 10.6μ 的 CO_2 激光辐照，发现分子对光波的吸收具有选择性，这预示着用可调频激光可进行分子剪裁，引起了世界的轰动。我校虽处于建校的初期，为了跟踪世界的科学前沿，根据林富钦副校长等老师的建议，学校于 1979 年秋决定开展激光化学方面的研究，下设激光化学研究组和激光器件研制组。我有幸参加了激光化学方面的研究。当年年末，我们到全国各地进行了科研调查，先后考察了中国科学院上海光学精密机械研究所、复旦大学、中国科学院安徽光学精密机械研究所、中国科学技术大学、四川大学等单位，参加这次调研的还有刘萱念、邓楚贤、佘振明、陈春先等人。因我们是湘大的第一个科研机构，故在人力、物力以及经费上都是有充分保障的。首先我们自制了一台大功率氮分子紫外激光器，购买了一台 30W CO_2 红外激光器和一台小功率氦氖红外激光器，安装调试都是我们自己完成的。利用氮分子激光，我们开展了对外服务，为湖南茶叶研究所对茶树幼苗进行了激光辐照下的改性实验。利用氮分子激光，我和童珏教授进行了“激光诱导下铈氧化态改变的研究”，第一篇论文是 1981 年 9 月 28 日寄出的，仅仅 29 天就审稿完毕，同意在国家级刊物《激光》（后更名为《中国激光》）杂志上发表。在这篇文章中，我和童珏教授，首次提出了一个光化学反应方程，

纠正了美国华盛顿海军实验室 T·Donohue 的一个错误观点。第二项重要的研究是"Ce 与 Eu 的光化学分离及其机理探讨"，1979 级学生胡军强利用做毕业论文的机会，也参加了这项研究。1984 年，这篇文章在中国科学院院刊《科学通报》的中外文版上同时发表。在我校当时的条件下，理工科专业要做出这样一点高水平的科研工作是相当困难的。这样跨专业联合进行科研攻关，起点很高，对提高学校在全国的学术地位与知名度，意义重大，很可惜，这项工作未能长期坚持下去。

四、把青春献给湘大无怨无悔

我 39 岁来到湘大，从壮年到暮年，在湘大这个人生舞台上，虽是一位普通教师，但为学校发展，尽我所能，作出了自己的贡献。

回顾这过去的几十年，深感人生有限，为国家、为学校做的事情太少！深深地怀念在建校初期与我们一道艰苦奋斗的原党委书记张勇同志；深深想念当时和我们一道共同奋斗在这片黄土地上的战友们！湘大有今天，是几代湘大人几十年艰苦奋斗的结果。我深信湘大的明天会更加美好！

喜看今朝精神爽，举杯遥祝寄后生！

（作者系湘潭大学退休教授）

五年拿下博士点

——忆法律史学科学术平台建设

李交发

高校从教四十年退休后，闲云野鹤，悠悠生活。回首一生教书生涯，有很多值得追忆的人和事。其中至今记忆犹新，感慨尤深的有两件事或两句话。一为自己所发，一为学科之言。第一句话是“不读研究生，以后照样带研究生”。当时，夫人李冬林教授谓之为“狂言”，但后来“狂言成真”，不仅带了硕士研究生，而且带了博士研究生，合作指导博士后。第二句话是“五年拿下博士点”。法律史硕士点申报成功后，曾言硕士点经五年建设后申报博士点。与其说是当时兴奋之际的一句壮语，不如说是有几分自信的一句豪言。果然经学位点全体老师的共同努力，第五年终于获批国家法律史二级学科博士学位授予权。豪言兑现！

1983 年，法律系设立，首届招收法学本科生，当时师资严重匮乏，最初

法律史学科只有王远瞻老先生一人。1984 年，我从外校调入湘大，加盟法律史学科后，便增加至两人。法律史需要开设中国法律制度史、中国法律思想史、外国法律制度史、西方法律思想史四门课程。由于师资不足，暂时只开设了中国法律制度史，其余课程待后再补授。不久后，王远瞻老先生逝世，接着在相继引进了中国人民大学硕士研究生胡旭晟，吉林大学硕士研究生夏新华，吉林大学博士、副教授张全民后，法律史四门课程得以全面顺利授课。其中，我主授中国法律思想史，张全民教授主授中国法律制度史，胡旭晟教授主授西方法律思想史，夏新华教授主授外国法律制度史。

2000 年，法律史学科申报硕士学位授予权成功，于 2001 年开始招收法律史研究生，这是湖南省首个，也是迄今为止二级学科法律史申报成功的唯一一个硕士点。申报成功的消息传来，法律史学科的全体老师极其高兴和兴奋，因为它为学科更好地发展架设了一个很好的平台，为老师们施展才干提供了一个更好的舞台。在当时，对于法学这样一个新兴的学科而言是十分难能可贵的。在法律史教研室举行的庆祝会上，我们放出了一个豪言——“五年拿下博士点”。这虽出自激动与兴奋，但也表达了一种自信，更是对学科更好发展之切实需求的清醒认识。如今回想起来，二十多年前的这一豪言，还真不是轻妄之语，而是法律史学科全体老师敢于进取，勇攀学术高峰的决心与誓言，是想要推进法律史学科向更高水平建设发展的共同意识。

法律史学科之所以有如此较为超前意识，主要是基于对当时比较有利的内外环境因素的清醒认识。首先，法律史硕士点的成功申报鼓舞了士气。当年与我们同时申报法律史硕士点的还有湖南师范大学法学院，我们的成功申报极大地提振了自信心。硕士点申报材料曾被法律史学界一位知名教授称为“是博士点的申报材料”，外校同行如此评价，再次鼓舞了人心。其次，我们还认识到，湖南作为一个科教大省，在法学教育方面确实落后的。北不如湖北，中国法学的王牌“五院四系”，其占有二，即中南政法学院和武汉大学法律系；南不敌广东的中山大学法律系。“南北双压”之下的湖南法学，具有巨大的发展动力与空间。而其中关键在于湖南高校谁先迈步，迈大步。这一机遇被湘潭大学抓住了。湘潭大学率先成立法律系，成为湖南省第一个进行本科法学教育的高校；随后，又最早拿下硕士点（诉讼法学），成为湖南省第一个开展法学硕士研究生培养的高校；2003 年，再获批湖南省第一个法学博士点（诉讼法学），成为湖南省第一个开始法学博士研究生培养的高校。

诉讼法学博士点下开设了一个诉讼法律文化方向，以法律史学科研究成果为支撑。我和胡旭晟教授任博士生导师，开始了诉讼法律文化方向博士生培养。我给博士生开设了“中国诉讼法史”学位课，出版了专著《中国诉讼法史》，该书被誉为“国内第一部全面介绍中国诉讼法历史的专著，内容涉及诉讼机关、起诉制度、证据和勘验制度、审讯制度、判决与上诉制度，古代诉讼理论等诸多方面，具有很高的学术价值和参考价值”。当时，中国刚兴起法律文化研究，传统诉讼法律文化是法律史研究的重要内容，而且是热门方向。如此，湘潭大学法学院开湖南法学教育之先，首创湖南法学高级专门人才培养，这是一股强劲的东风，为后来成功申报湖南第一个、全国第六个法律史二级学科博士点准备了“天时”条件。（当时已拥有法律史，包括最初设置的法律制度史、法律思想史博士点的高校有北京大学、中国政法大学、中国人民大学、华东政法大学与中南财经政法大学，西南政法大学与我校同一年以法学一级学科博士点获批立点，故有人称为我们为江南第一个法律史博士点）在具备“天时”条件的同时，我们积极地为法律史博士点申报创造有利的内部条件。法律史硕士点获批后，团队成员苦练内功，积极创造条件，经多年的努力，学术团队渐入佳境，形成法律史“四驾马车”或“四轮驱动”。后又聘请湖南省社科院副院长、中国监察制度史研究专家王晓天教授加盟，“四轮”变为“五子”，从“四轮驱动”到“五子登科”，最终我们如愿以偿，于2005年获批法律史博士学位授予权。

回想起来，无论是“四轮驱动”之时，还是“五子登科”阶段，法律史团队注重学术研究，敢于学术创新。虽然学术研究风格不同，但都能秉持包容。在学术研究中，“观点不同不贬损，方法相异不嘲讽，条条道路通罗马，兄弟登山各努力”。胡旭晟教授好宏观研究，大观点，长文论；张全民教授喜微观论，论从史出，文章厚实价值高；夏新华教授兼通古今中外，视野宽大；王晓天教授百科全书式，但专攻监察史；而我则兼宏观与微观研究，乐于理论难题之放言。我们各自均有高质量的科研成果产出。由此看来，法律史学科能登上学术平台的高峰，创出湖南第一个法律史博士点，我们也确实实至名归。

法律史学科还非常注重内部和谐与融洽氛围的营造。我任教研室主任时，教研室（包括法理和宪法）曾设内部小基金，基金来源是学术论文发表、学术著作出版、诉讼代理、省部以上科研奖等的奖金。小基金金额不大，但在当时可谓含金量满满，价值度颇高。小基金的用处之一是定期的小聚会，会上大家欢声笑语，幽默玩笑，无拘无束，对于加深彼此的情谊十分有帮助。记得一次聚会上，我与张全民教授“对赌”过一次。2002 年，我的第二部专著《中国诉讼法史》在中国检察出版社出版，为了保证书稿出版质量，特请有“字痞”之称的张全民教授把关（因其古文基础好，修辞能力强，眼睛很“毒”，文中错误经他一阅，几乎很少漏网，故有此称号）。我说：“如果你找出 100 处错误，我便请客一次。”他面带顽皮地笑着说：“那你就等着请客吧。”我心想，书稿虽有 30 多万字，但经我自己和别人已校对多次，不敢说完全没有错处，但也自信不会再有那么多的错误。结果是我输了。我也从心里着实佩服“字痞”。此事，至今难忘，假如不请他把关，又或他当时托言回绝（实际上他当时患有严重的颈椎病），很可能《中国诉讼法史》不会获得全国法律文化研究成果二等奖。至今心里仍然对全民教授感激不已。

此外，法律史学科点还重视融洽同学间关系、师生关系。研究生们大多来自全国各地，年纪轻轻便背井离乡，远离父母，人生地不熟，难免会不太适应新环境，尤其是来自北方各省的同学，不适应感更强。为了让他们尽快适应新的校园生活，同学和老师之间尽快熟悉起来，同时也为了培养集体荣誉感，法律史学科点形成了一条不成文的规矩，即新生入学行拜师礼，老生毕业行谢师礼，在节假日尤其是传统节假日，老师同学进行聚会。这些“仪式”和聚会很快地密切了师生关系、同学关系。同学们在学校就有种在家的感觉，他们视校为家，视老师为父母，视同学为兄弟姐妹。老师关爱同学，无论表扬与批评，只有促进作用，难生消极影响；学生尊敬老师，发自心底；同学互帮相助，团结友爱，出自情谊。现任浙江宁波法院庭长的一位同学曾说：“湘潭大学法学院永远是我心灵之家。”现任最高人民检察院纪检监察组副组长的同学回忆，在湘潭大学读研的“那种感觉，每每想起来都是一种幸福。”现在湖南省政协任处长的同学曾感慨：“师者如父般关爱，我等视师如父般依赖。现任湖南邵阳市人民检察院副检察长的同学感言：“吾等弟子，互助友爱，亲善和睦，宛如一家。”

我作为一名亲历和见证了法律史学科创立、发展、辉煌历史的退休教师，现在回忆起来，仍然感慨良多。昔时的“五子登科”导师团队，现已成为历史，目前只有张全民教授仍在坚守阵地。不过可欣慰的是，会不断有新的“五子”团队形成。衷心祝愿法律史学科继承传统，续创辉煌。

（作者系湘潭大学退休教授）

湘大拾忆

宋银桂

大学的生活是愉快而美好的，可是随着岁月的风蚀和记忆力的衰退，很多的印象都模糊不清了。转眼之间，年近花甲，教书匠的生涯即将画上句号，恰逢碧泉书院·哲学与历史文化学院的《碧泉论丛》编委会约我写篇小品文，将大学本科阶段的生活做一个反省和回忆，撷几朵花絮供大家欣赏欣赏。我想，春天来了，正是百花竞放的季节，我所能提供的，虽不是国色天香，也不是芙蓉国里的佼佼者，但是，没有星星点点的瘦黄花，哪会有绚丽多姿的百花园呢？所以我还是愿意来一次“穿越”，于公，或可引为他山之石；于私，正好聊作纪念。

1963 年 9 月，我出生于湘潭县射埠区方上桥人民公社的一个普通的农家，祖祖辈辈务农。原本我只想子承父业，继续过农民的日子。1980 年 8 月的某一天，二姐夫从 20 华里开外的家中长途跋涉来通报高考出榜单的消息。但我当时并没有其他的“非分之想”，没有通过高考或其他途径来改变生活现状的念头。因此，对考上大学没抱希望，没考上，正遂吾愿；考上了，纯属意外。不过，没过几天，录取通知书寄过来了，我被当时的全国重点大学——湘潭大学录取了，就读历史学专业（这是我的历史老师谭敬夫先生给我的建议）。

虽说读大学时的动力稍显不足，但读书还是认真的。现在回想起来，那个时候因为主、客观条件的造就，我们还是读了一些专业书的。这里所说的主观条件，是指个人的主观努力。20 世纪 80 年代初考上重点大学不能说是凤毛麟角，但一定是百里挑一，所以大家都有一种大学生的荣耀感。出校门时很多学生都要佩戴好校徽。公共场所里，很多陌生人都对我们投来羡慕的眼神或钦佩的目光。在这种氛围里，我们仿佛一夜之间从丑小鸭蜕变成了金凤凰。因此绝大多数同学都能够严格要求自己，努力将自己的言行纳入当代大学生的规范之中，努力维护湘潭大学的办学声誉，绝不能让胸前的这枚校徽蒙尘。这就是社会学术语中的“自觉的角色”。所谓客观条件，是指我们就读的时候，湘潭大学还处在恢复建校的初始阶段，当时的校园，限于秀山以南、泉山以东（秀山和泉山当年是连在一起的，现在俱乐部、幼儿园旁边的那条路是后来为了开发北山而打通的），最东面是松涛山庄（当时称招待所），最北的建筑是子弟学校和幼儿园，图书馆还处在建设中，以西的部分（即第二田径场和画眉潭）是属于当地人民公社的冷浸水低产田，校医院以南以西（即金翰林和琴湖公寓区）也是成片的农田，购买日常用品，先是在南校门以外的一处平房内（约今校南门值班室以北数十米处），后来迁至服务大楼 2 楼。所以，当年的大学生活就是由寝室、教室和食堂构成的三点一线的生活。加上当时高校禁止学生恋爱，所以大家只能一心向学，心无旁骛。那时候读书，主要是钻研教材（中国通史课还配有一套教学参考资料），同时，各人都尽可能地购买一些图书资料以资课外阅读。我们的同学中，绝大多数都能享受国家助学金，当时的标准大概是甲等每月 22 元，乙等每月 17 元，丙等每月 13 元。我当时拿的是乙等助学金，每月 17 元可以解决吃饭问题，如果节省一点，还可以匀出一点钱用于购买书籍和生活用品。因为家庭经济状况一般（当时来自农村的学生大都如此），无力提供学费以外的经济支持，所以，我当时用于购买图书的钱都是从助学金中省出来的。现在我的书架上还珍藏有那时购置的图书，如：《马克思恩格斯选集》1—4 卷（人民出版社 1976 年版），杨伯峻先生编著的《春秋左传注》1—4 册（中华书局 1981 年版），清代浦起龙的《史通通释》上、下册（上海古籍出版社 1978 年版），张舜徽先生的《史学三书平议》（中华书局 1983 年版），侯外庐先生的《中国思想史纲》上、下册（中国青年出版社 1963 年版）。冉昭德、陈直主编的《汉书选》（中华书局 1962 年版），苏渊雷先生的《读史举要》（黑龙江人民出版社 1981 年版），关履权先生的《两宋史论》（中州书画出版社 1983 年版）。此外，还有《中国历史大事纪年》《古文观止》《先秦文学作品选》等。当时很多同学都养成了晨读的习惯，我也加入其中，晨读的内容除了外语，我印象深刻的还有《中国历史文选》和《古文观止》，也曾试图背诵其中的一些篇章，像司马迁的《太史公自序》《报任安书》，司马光的《上神宗皇帝书》以及《古文观止》中的一些段落，现在依然能够闭目成诵。得益于那时的勤学苦读，为我后来本科留校任教打下了很好的基础。

当然，学识的养成首要的还在于老师的教诲。现在高校的生师比，保守地估计也在 15：1 以上，课程多，教师少是普遍现象。但是，40 年前高校的生师比要低得多，拿当年的历史系来说，从 1980 级到 1983 级，4 个年级两个专业（历史学专业和中共党史专业）的本科生共 10 个班，学生不足 400 人，但专任教师有 50 人左右，生师比约 8：1。这样一来，教师的授课任务不那么重，有利于教师精心备课，于提高教学质量大有裨益。当年，为我们授课的教师，有中国古代史教研室的韩长耕、易漫白、易祖洛、余明光、赵桦、杨静婉、唐启淮、向祥海、何崇恩、宋耕耘、唐兆梅诸位先生，有近现代史教研室的业师崇汉玺、杨奕青、何华国、钟启河、彭秀珍诸位，世界史教研室则有伍新福、陈永麟、郑祖铤、李广一、谢建明等老师。他们怀揣着建设好毛主席家乡的大学的一片赤诚，从全国各地来到当时还是满目荒山的湘潭大学，克服了生活和工作中的种种困难，兢兢业业，一丝不苟，急学生之所急，想学生之所想，树德立人，无私奉献，培养了大批优秀的湘大校友，他们在各自岗位上皆有突出的成就。1998 年湘潭大学建校 40 周年庆典前后，全国各地的校友纷纷尽心竭力，其中又以历史系的校友居功至伟。明年是湘潭大学恢复建校 50 周年，我作为湘大恢复建校之初的毕业生，借此向我的老师，向所有为湘大建设立下筚路蓝缕之功的建设者们表示崇高的敬意和衷心的感谢！湘潭有句民谚，大意是：每一株小草都有一滴属于它的露珠。老师是露珠，学生是小草，如果生师比过大，每个学生是否都会有属于他的那滴露珠呢？

那个时候的课程考试，差不多都是闭卷笔试的形式。大概到了大三时，《世界现代史》课程考试实行改革，采用口试的形式，即由教师事先将试题写在卡片上，考试时学生按照学号依次抽签回答问题。我抽到的题目是“简述列宁《四月提纲》的主要内容”，抽到这个题目的时候我还感到很庆幸，因为这个题目不属于偏题，大家都视为考试的重点，复习时也给予了重点关注，我也如此，自以为能考一个90分以上的成绩。可是，当整理头绪准备回答问题的时候，突然袭来的紧张感瞬间将大脑揉成了一团糨糊，经过镇定后的重新梳理以及老师的提示，最后勉强完成了考试，成绩为75分。这是我在读本科阶段所遭遇的第一次打击。此后一段时间，这件事一直萦绕在脑际，挥之不去，我为此而经常自责：为什么这么没出息呢？这么好的机会把握不住，关键的时候“掉链子”，将来能有所作为吗？通过这件事我认识到，凡事都不能掉以轻心，良好的心理素质是成功的关键。同时，通过这件事也能窥见我们当年对待考试和成绩的态度，也就是对待专业学习的认真态度。在就读本科阶段的第二个打击来自研究生考试。那时候的本科毕业生不愁分配，都是国家计划安排好的“铁饭碗”，因此考不考研似乎不那么重要。即便如此，当年我们班35位同学中报考研究生的大概是10位。考试的结果有6位同学被录取，其中有吉林大学金景芳先生的弟子，还有考上东北师范大学、中国社会科学院、湘潭大学、四川大学、中山大学的优秀学子。在报考的名单里，我也忝列其中，我选择的是贵州大学张振珮先生的中国史学史。选择张先生是因为他老人家当时著有《史通笺注》，这在当时的中国史学界是很难得的；选择贵州大学是因为贵大地处大西南，交通不畅，应考者少，竞争不会有通都大邑的名校那样激烈；选择中国史学史，是因为当时我对这一方面的学问颇感兴趣。让人近乎崩溃的是，虽然我的专业课《中国史学史》在所有考生中的成绩排名第一，但是当年张振珮先生因为种种原因未能接受系里的聘任指导研究生，导致我们那一届的几个考生都失去了继续深造的机会。

研究生考试铩羽而归，那就参加毕业分配吧。按照最初的方案，我应去湖南省委大院内的某研究机构工作，我想，省城毕竟离家较远，省委大院也不缺各路英才，我去那里工作能有所作为吗？有一天，我在第一教学楼遇到我的第一位班主任老师杨静婉先生（第二、第三任班主任是唐启淮、刘启良先生），顺便谈及我对毕业分配的想法，表示我不愿去省城，愿意留校任教。很快，我的这一心愿就得以实现。从此，我就成了湘潭大学的一名教师。

明年就是我本科毕业40周年，40年间，我一步也没有离开过湘大，没有离开过湘潭大学历史系。从消极的一面说，这叫作缺乏求新求变的勇气和精神，民谚中不是有“树挪死，人挪活”吗？从积极的一面说，我爱湘大，就像当年为了父母不肯远游。如今，父母离我而去了，只有湘大永远在身边。历史既是古老的，又是年轻的，湘大就是一部历史，送走的是晚霞，迎来的是朝阳，因此湘大永远是年轻的，湘大永远属于年轻人。

（作者系湘潭大学退休教授）

把讲台站成风景

何云波

20 岁大学毕业，当大学老师，一晃四十年就过去了。学生们说：何老师六十甲子，高校从教四十周年，值得好好庆祝一下。我说，仪式虚文就免了。老之将至，生日之类，以后都要淡化，就像车载导航里说的：经过学校路段，要悄悄地过哈！如果大家想聚一下，“云何论坛”做了五期了，都在线上，那这期就在线下吧！主题可定为：教育之道。因为毕业的同学，大多还是从事教育的行当，无论大学还是中学，都会有些心得、体会，都可以谈谈。何老师不敢说领悟了教育之“道”，不过，感想或者教训，还是有一些的。就此唠叨几句，与各位新、老同学共勉。

一、自我是可以塑造的

1979 年，我 16 岁进湘大，身高 1 米 53，体重 40 公斤，羞涩腼腆，很少在公开场合讲话。在大学里做过的最大的“官”，是寝室长。一次学校搞文明寝室评比，我们宿舍被评为全校两个文明寝室之一。班上让我介绍经验，写了篇稿子，自以为写得还不错，也背熟了，上台时，为了表现得潇洒一点，稿子没带，在讲台上，看到台下几十双眼睛盯着你，心里一慌，背的台词忘得一干二净，结果结结巴巴，吭吭哧哧，没说几句像样的话，灰溜溜地下去了。那种耻辱的感觉，很多年之后想起来，还耿耿于怀！

从此觉得自己不适合当老师。

结果，命运阴差阳错，却当上了老师。职业就像婚姻，这叫入错了行嫁错了郎。

不情不愿地嫁错了人（我们毕业那个时候，国家包分配，有点包办婚姻的意味），有三种选择：重新来过，得过且过，努力磨合。何老师天生羞涩、内向、胆怯，自然没有冲破牢笼重新来过的勇气。内心好强，也不想得过且过、破罐破摔。那就努力磨合，先结婚后恋爱吧！

婚姻也罢，职业也罢，其实都是一个相互适应、相互塑造的过程。不过，婚姻中很多人容易犯的错误是老想塑造他人，想把对方打磨成一个完美的人，好让他（她）来呵护、包办自己。其实他人是不可塑造的，你能做的，是如何做好你自己。职业也是，别老想着单位、社会、制度不完美，老想着去改天换地，或者如果做得不顺，就怨天尤人，牢骚满腹。你能做的，首先是如何塑造、提升自己。上大学，其实提升的就是一种能力，学习新东西、适应新环境、自我塑造的能力。知道自己笨嘴拙舌、不适合当老师，那就努力学习、拼命读书，相信勤能补拙。教书两年后，要去考研，其实也是出于这种考虑：既然当了老师，不管是否两情相悦，那就努力把它做好罢。婚姻需要经营、呵护，职业也是。

那年，为了报考，我去找系里的领导签字。敲开门，他问的第一句话是：何云波，你考得上不？这话给了我极大地刺激：万一考不上，有何颜面再见江东父老？

于是发愤复习，大有风萧萧兮易水寒、置之死地而后生的气概。那时单纯且好强，硕士导师其实也是大学教过自己的老师，但根本没想到要去套套口风、划个重点之类，只觉得那样一来，老师可能嘴上不说，内心里就瞧不上自己了。

努力终有回报，1985 年顺利进入湘大，在职读研，叫委培，其实与公费读研并无区别。扎扎实实读了三年书，完成一篇硕士论文（后来论文的几节分别发表在《外国文学评论》《外国文学研究》等权威刊物上）。毕业后，自感内力大长，然后终于可以在讲台上侃侃而谈、游刃有余了。

经常跟学生说，老师就是讲台上的一片风景。这风景，如何赏心悦目，分外妖娆，需要你不断地付出努力，完善自己。付出，才会有回报。躺平，那是以后的事情。年轻的时候，你是没有资格躺平的。现在还有一个时髦的词，叫“内卷”。其实，你自己强大了，风景这边独好，别人想“卷”你也“卷”不了。从来也没有救世主，这个世界上，能拯救你的只有你自己。

二、专心与用心

日本的一些匠人，一辈子就专心致志只做一件事，做好一件事。比如做料理、做棋盘、做刀具……

我们身为教书匠，一辈子，也就只够一心一意，努力教好书，把讲台站成风景。

何老师年轻的时候，只会死读书，读死书，少世故，不玲珑，缺精明，不能左右逢源，所有注定入不了“庙堂”，也下不了“海”。后来想想，其实教教书正好。读书、教书、写书……俺们不缺的是勤奋、认真、执着，还有那么一点悟性。大学打排球，天天练站桩功夫，打到中文系排球队，从此成为一生的爱好。研究生踢足球，风雨无阻练球，踢到研究生足球队。研究生毕业学围棋，不小心学出一个“围棋博士”。孟泽教授在为我的散文集《南山南北山北》写的序中说：老何打牌，都跟他下棋、做学问一样执着、认真。哈哈！

同理，教书也是一门技术活，需要全心全意，认真对待。对我来说，做科研，也是一个读书的过程，目的当然是更快地评上职称、做教授。但本质上，首先是为了提升自己，当好老师。那时，经常有老师在外兼课，赚点外快，而我却把更多的时间用在了读书、科研上。

从来没有觉得教学与科研有什么矛盾，它们是一个相互促进的过程。也从来没觉得家庭与事业有什么矛盾，一个人完全可以扮演好不同的角色。做好事业，并不一定要以舍弃家庭为代价。当好了老师、学者，同样也可以做一个好丈夫、好父亲。关键是要有心、用心。那些宣称为了事业，顾不上家庭的人，根本上说，是他们无心于此。

只要用心，你既可以写出好论文、好书，可以在讲台上风采无限，也可以做好一碗红烧肉，陪家人度过一个温馨的夜晚。

当然，用心之外，教学科研还需要一点悟性，扮演好生活中的各种角色，也需要一点悟性。有勤奋，再加一点悟性，就会有效率。效率决定人生的成败，决定你的人生是轻松还是沉重，是游刃有余还是手忙脚乱。

当年张铁夫老师言传身教，记得最清楚的是他的三句话：第一，教学，站稳讲台，这是老师的天职。第二，科研，一本书主义，做好一本书，课题、论文、著作、奖励就都有了，足以让你评上教授，这叫“专心”。第三，生活，下厨房就是长时间伏案劳作之后的一种调剂。然后就记住了。做好教学，专心科研，一本书《陀思妥耶夫斯基与俄罗斯文化精神》让我破格评上了教授。然后，吃好喝好。每天码字之后，离开电脑，活动一下筋骨，饭菜半小时之内搞定。张老师教给的红烧羊肉的做法，被老何举一反三，推而广之，弄成一个砂煲红烧系列：红烧鸭、红烧鱼、红烧猪蹄、红烧排骨、红烧肉……前几天，做红烧肉，平时都是加点红萝卜、大红椒之类，那天冰箱里空空，只有之前毕业的学生刚从广东寄来的新鲜荔枝，那就来个荔枝红烧肉吧！结果，吃了的都说好。晒到朋友圈里，引来看客点赞无数，谓生活也是美学。然后傲娇地跟家人说：哎呀，这人一聪明，真是没办法的事情，这做菜也像科研，有创意有高度，哈哈！

三、快乐就不需要坚持

其实，读书、教书、写书、做菜，做这一切都有个内在的动力，就是自己乐意、有人喜欢，有一份内在的快乐。

快乐就不需要坚持，就像婚姻，就像人生，不小心就一辈子了。

当老师，做科研，也是。

有一年教师节，学生送我一张贺卡，上有一副对联：一支羊毫改之乎者也写秃，两片嘴皮论上下古今磨薄，横联是：乐此不疲。

当年不喜欢当老师，主要是觉得自己不善言辞，不合适做耍嘴皮子的事情。而一旦习惯了讲台，并且逐渐在讲台上找到了被学生喜欢的感觉，有了自我成就、自我价值感，站讲台，便逐渐有了一种快乐的感觉。

快乐就不会觉得漫长。曾经跟学生说，当老师，哪怕是为了自己，为了那两个小时的时光不至于太漫长，也需要努力做好教学。平生最无法忍受的是，你在台上口若悬河，台下却是一片昏昏欲睡，或者对你熟视无睹，你讲你的，他在下面看手机，睡大觉，或者神游天外，那样的场面，让你觉得一切的言语都是多余。而如果你讲的每句话、每个故事，都有回应，你从他们的脸上读到了会心的微笑，从他们的眼神中看到了光，感受到了心灵的共鸣，你也会受到鼓舞，会越来越投入，灵感越来越多，你会觉得，一切的付出都是值得的。

“已经习惯从周末开始盼望，每周四过后，又开始新的等待。8 周 32 节课，短暂的日子寄托了我无限的热望和希冀，如果时间可以过得慢一些，我可以在何老师的课堂上多驻足一会，多停留一瞬该有多好。”（柴景瑞《四月静默，细流无声》）被需要、被期待、被留恋的感觉真的很好。我经常跟学生说，读书就像谈恋爱。而当教育也成了一场约会，一种共情，两情相悦，其乐融融，苦也有味，累也心甘。

就这样，时光飞逝，一不小心就四十年了。

四、遇见就是缘分

人生中最美的珍藏，正是那些往日时光。

几十年，教过的学生，从专科、本科，到硕士、博士，应有尽有，留下许多美好记忆。犹记第一次上讲台时的青涩、慌张，学生对你的宽容；记得某个夜晚，教室里停电了，学生还不肯走，然后继续上课时讲台上那如水的月光；记得铁道、中南草坪上的星星，岳麓山穿石坡湖的夜色，深夜里的真心话大冒险，湘大的风，湘江的雨，旋梯书苑的茶聚，杨梅洲的渔舍，那许许多多个一边谈学问、一边吃喝玩乐的日子。拿到从教四十周年纪念文集《教育是一缕光》，一篇篇翻阅下来，《教育是一种传承》《传承诗意人生》《相约星期二》《不期而遇的一段旅程》《永远的 403》《人生最美是遇见》《师生缘》《云与风铃》《最后一课》《再见云波》……很多时候，当看到学生写你的文字，看到他们上课时专注的眼神，结课时的不舍，离去时的留恋，多年后回忆起来的温馨，当他们把你当作一缕光，当作人生的导师，当作知心朋友，当作“何帅”“何云老”，当作亲人一般的存在，有学生说，看到何老师写张铁夫老师的文字《多年师徒成父子》，很想以后也有机会写《多年师徒成父女》；还有，一个本科生毕业论文的“致谢”，感谢恩师、感谢母校、感谢生命，可以写成洋洋洒洒四千言；一个从来没有上过何老师的课的学生，毕业时给你写信，说何老师的讲座、文字，已经化成“南山的长椅，秀山的松风，校报上的简记，春风化雨般地滋润了我们的心灵”，它造就了一种大学的气氛，形成“无形的熏陶”，成为一种“真正的师道”……这时，你会有一种深深的感动，觉得四十年的辛劳、付出，值了！

有次孟泽老师回湘大讲座，看到台下满满当当坐着、站着的学生，看到他们那种专注的、求知若渴的眼神，孟老师说，终于明白了老何为什么选择回湘大，他的幸福感从何而来。是的，在中南，在湘大，上过课的本科生无数，自己带的硕士、博士、博士后，也马上就要过100了。经常有学生说，他们觉得很幸运，遇到了何老师；就像何老师觉得很幸运，当年中学时遇见了蒋飞云，大学、研究生时遇见了彭燕郊、张铁夫，博士遇见了曹顺庆等等老师；蒋老师、彭老师、张老师、曹老师们大概也会觉得很幸运，遇见了我们这样的学生；就像我觉得很幸运，遇见了你们。然后，我们相互喜欢，相互包容，相互成就。谢谢你们！

人生最美是遇见。而教育，就是一缕光，一种传承。

想起彭燕郊老师的诗《无色透明的下午》：

是你在我身边走着吗？我知道是的，我的光……

（作者系湘潭大学文学与新闻学院教授）

扎根伟人故里　深耕科研沃土

欧定余

湘潭大学作为一所地处伟人故里的高校，凭借独特的“扎根精神”，传承伟人故里红色基因，努力深耕科研沃土，发挥自身优势特色，抓住时代机遇，踔厉奋发，笃行不怠，赓续前行，不断谱写着哲学社会科学繁荣发展篇章。今年是深入贯彻落实党的二十大精神的开局之年，也是习近平总书记对湘潭大学作出重要批示五周年，我们探讨传承“扎根精神”的优良传统对湘潭大学发展的重要作用。

百川入海 人才汇聚 开创湘大扎根精神

1974年，在邓小平、李先念等党中央领导人的关心下，湘潭大学复校。清华大学、北京大学、复旦大学、中国人民大学、武汉大学等近90所名校的622名优秀教师，积极响应毛主席“一定要把湘潭大学办好”的殷殷嘱托，来到湘潭大学工作，形成了大批优秀高校科研人才集聚湘潭大学的盛况。

1976年，中国古典文学专家羊春秋积极响应国家号召，来到湘潭大学任教，历任副教授、教授、中文系主任，直到离休。在湘潭大学教研的二十余年里，羊春秋教授先后主编《历代论诗绝句选》和《历代论史绝句选》，代表作《散曲通论》获湖南省第二届社会科学优秀成果一等奖、全国高校首届人文社会科学优秀成果二等奖，被学术界誉为“六十年来第一响”“开创了散曲研究的新时代”。同样于1976年来校任教的经济学家尹世杰教授，先后著《社会主义消费经济学》《中国消费结构研究》《中国消费模式研究》等，获首届“孙冶方经济科学奖”，开创中国消费经济学，开拓了经济理论研究的新领域。1978年，时任武汉大学哲学系教研室主任的沧南教授响应党中央号召，毅然放弃优厚的工作和生活条件，提着一口大樟木箱子，从武汉只身来到湘潭支援学校建设。先后出版《毛泽东哲学思想研究》《毛泽东方法学》《现代化视野中的毛泽东思想研究》等多部著作，提出“毛泽东方法学”这一重要思想理论。在沧老的引领下，经过多年的积淀，毛泽东哲学思想研究成为我校人文社科的一大特色，毛泽东思想研究中心先后被批准为教育部首批省部共建协同创新中心、教育部人文社科重点研究基地。

百川汇入海，万鸟飞进山。复校之初，这些来自天南海北的老一辈专家学者汇聚湘大、扎根湘大、奉献湘大，为学校高水平科研发展奠定了坚实基础。而后在近五十年的建设时期，学校秉持“海纳百川”的气魄，为教师扎根湘大提供肥沃土壤，以大格局、大胸怀，在服务于党和国家、服务于人民的大学问中不断追求卓越。“大格局”体现在立足湖湘大地，努力以科研成果服务地方社会、服务国家战略，将文章写在祖国大地上；“大胸怀”体现在扎根伟人故里，坚定传承红色基因，牢牢将“立德树人”放在首位。

立足湖湘 扎根地方 更好实现特色发展

湘潭大学在谋划自身发展时，积极向地方扎根，将高校科研发展与地方区域发展紧密联系起来。基础研究注重湖湘历史文化以及红色革命文化的特色挖掘，经过长期发展，毛泽东思想研究（马理论）、湖南地区革命群体研究（中共党史）、湖湘优秀传统哲学（湘学）等方面已形成鲜明的地方特色。应用研究聚焦区域发展重大现实需求，在服务湖南“三高四新”战略发展的进程中，法学、经济学、公共管理等社会学科逐渐形成明显优势，科研成果积极对标湖南地方经济文化产业链发展。特色智库建设取得长足发展，围绕国家治理现代化，“一带一路”、数字经济、人工智能、智慧司法、中非合作等方面，展开应用型、战略性、对策性研究，提升了专业特色智库成果质量和转化应用。

“十三五”以来，共发表人文社科论文 4715 篇，其中 CSSCI 来源期刊论文 2288 篇，《马克思主义研究》《哲学研究》《历史研究》《政治学研究》《中国法学》等权威期刊论文 94 篇，二类期刊论文 646 余篇。SSCI、A&HCI 收录论文 145 篇，《新华文摘》《中国社会科学文摘》和中国人民大学复印报刊资料转载 270 余篇。论文转载量和影响综合指数进入全国高校前 10%。出版专著 580 部，智库类成果 93 篇，获省部级科研成果奖近 50 项。

赓续扎根精神　谱写繁荣发展新篇章

“扎根”所呈现的是根部不断地向土地下生长的过程。可以说，“扎”是一种“逆”生长。但正是因为根部不断“向下”的逆生长，才能将高大的主干固定住，并为其提供源源不断的营养。“扎根”是“隐性”的，然而恰恰是这“隐性”成就了“显性”的枝繁叶茂，勃勃生机。

“长江学者”、马克思主义学院李佑新教授扎根伟人故里，勇于担当立德树人、铸魂育人的使命和责任，深耕毛泽东思想研究领域，出版多部马克思主义中国化理论著作，先后荣获教育部高等学校人文社科优秀成果二等奖、“全国优秀教师”“湖南教书育人新楷模”“湖南省徐特立教育奖”和首届“湖南省教书育人楷模”等荣誉。荣获“全国优秀教师”称号的文学与新闻学院季水河教授，四十年如一日，默默耕耘在马克思主义文艺理论研究领域，以自身的科研实践传承复校之初老一辈学者的扎根精神。他在《文学评论》《文艺研究》等重要学术期刊上发表百余篇学术论文，出版著作十余部，著述逾 200 万字，获多项湖南省优秀社科成果奖。马克思主义学院的王向清教授扎根湘潭大学四十年，始终秉承扎根精神，在毛泽东思想研究领域、冯契哲学研究与逻辑研究领域成果丰硕，先后发表学术论文两百余篇，著作多部，获湖南省哲学社会科学优秀成果二等奖、三等奖多项。

颜佳华教授将科研做在湖湘大地上，在公共管理、行政文化、毛泽东民主政治思想等方面笔耕不辍，出版著作三十余部，获湖南省“五个一工程”奖 1 项，湖南省优秀社科成果奖一、二、三等奖 8 项。商学院龚志民教授，扎根湘大教研一线，致力于消费者行为、贫穷与不公平度量、消费率变动等问题的研究，在消费经济学、福利经济学、计量经济学等领域，主持完成“最优投资率的确定及我国宏观调控的目标选择与效应分析”“福利经济学的理论与应用”“贫困与不公平度量及其在社会保障制度中的应用”等多个项目，成果丰硕。

碧泉书院·哲学与历史文化学院王继平教授，四十余年来在湖南近现代史、中共党史等相关领域深耕细作，出版《湘军集团与晚清湖南》《晚清湖南学术思想史》《晚清人才地理分布研究》等多部著作，其主持的国家社科基金重点项目“中国共产党文化抗战史研究（1931—1945）”的结项成果《中国共产党文化抗战史（1931—1945）》入选 2022 年《国家哲学社会科学成果文库》。陈代湘教授三十多年耕耘在湘学领域，成果突出，主编的《湖湘学案》荣获湖南省第十三届社会科学优秀成果一等奖，点校古籍《刘坤一集》获全国百佳图书一等奖，主编“湖湘文化海外传播系列丛书”获批国家新闻出版署“十四五”国家重点出版物出版规划项目，《湘学》辑刊已出版 9 辑。

在湘大，这样几十年如一日潜心科研的湘大人还很多，钻研宪法学与行政法学，在行政诉讼研究方面颇有研究的法学院胡肖华教授，深研民商法学的彭熙海教授……几代湘大人的接续努力，成就了今天的湘潭大学。

扎根是一种传统，扎根是一种精神，扎根是一种文化。2022 年，湘潭大学入选国家“双一流”建设高校，站在新的发展起点上，全体湘大人将继续大力弘扬扎根精神，奋力谱写哲学社会科学繁荣发展新篇章。

（作者系湘潭大学社科处处长）

向往讲台　站稳讲台　超越讲台

——我的教育理念及实践

宋德发

我的好友黄华伟博士读到陈平原的《我的教育理念及实践》（2023 年 11 月 8 日《中华读书报》“文化周刊”版），第一时间发来微信：“我以前看了些陈平原的书。感觉你跟陈平原很相似：一边是中文系的教授，一边研究大学的问题。北有北大陈平原，南有湘大宋德发。”这种赞美，类似于“你越来越瘦”“你越来越帅”，让人开心，我却不会太当真——把别人礼貌性地表扬当真，那就有点傻了。我立刻回复：“形似不神似！水平相差太远！知名度相差太远！影响力相差太远！”

作为文学教授，在专业研究之余，还致力于教育研究且有所成绩和影响，这是我跟陈平原的“形似”之处，但我和他的差距是全方位的，也是无法弥补的。我是陈平原的晚辈、读者和忠实的“粉丝”，他的论著我几乎都读过。他的写作是汉语写作的典范，我一直在模仿，从未奢望超越。我从他的教育研究中获得很多共情和灵感，但是，我研究教育并不是受他影响的结果，而是源于一种内在的生命冲动和个性化的职业追求。因此，同样是谈“我的教育理念及实践”，我可以谈出自己的经历、体验、感受和见解。

一、向往讲台

2002 年，我硕士研究生毕业后留校任教，成了一名光荣的大学教师。按常理，大学老师“向往讲台”，应该像球员向往球场或者骏马向往草原一样，并不需要理由，但是，当“恐惧讲台”“鄙视讲台”“逃离讲台”在大学并非个案之时，我反倒要为自己“向往讲台”做出有说服力的解释。

“向往讲台”是我“教师”的身份使然。不同的身份需要履行不同的职责。在我的“刻板印象”中，“站讲台”（俗称“教书”）就是教师的标志性职责和标志性形象。不“站讲台”的教师不算教师，不“站讲台”的大学教师不算大学教师。大学教师跟中学教师会有很多不同，但大学教师也是教师，“站讲台”理所当然，对“站讲台”的向往也在情理之中。如果大学教师弱化乃至忘记自己的“教师”身份，强化甚至只保留自己学者或科学家的身份，那么，对“讲台”的感情就会非常淡薄。

“向往讲台”还因为我身上流淌着“师范生”的血液。我本科读的是汉语言文学教育专业，也就是说，大学期间，我接受的是“师范生”需要接受的严格训练，包括板书、备课、讲课等。大学毕业前夕找工作，我将所有的简历都投给了中学，一心要做一名中学语文老师。只是因为考上了研究生，我才做了大学老师。2020 年我回母校长沙理工大学做讲座，面对当年教过我的老师们，我说了一段很深情的话：“很多年过去了，我头发变白了，身体变胖了，脸变沧桑了，但我有三样东西未变，即教师的身份未变，教师的职责未变，当好教师的梦想未变，从这个意义上说，我还是曾经那个少年，没有一丝丝改变。”

“向往讲台”也是我个性化职业选择的结果。根据职业水平的差异，大学老师大致可以分为四类：一是既不擅长科研又不擅长教学的；二是既擅长科研又擅长教学的；三是擅长科研不擅长教学的；四是擅长教学不擅长科研的。第一类大学老师是混日子的，我不屑于做；第二类大学老师是最理想的，我做不了；第三类大学老师我不想做也做不了。做第四类大学老师就成了我的职业选择，因为我缺乏过人的写作才能，但从小又展示了演讲方面的天赋。应该说，这个选择不是最好的选择，却是最适合我的选择。因为是最适合我的选择，所以对我而言，就是最好的选择。

“向往讲台”当然也是“教学”的内在需要。从教学法的角度说，“向往讲台”就是尊重、喜欢和擅长“讲授法”。在“以学生为中心”“翻转课堂”“OBE 理念”“线上—线下混合式教学”等新潮概念的冲击下，讲授法似乎成了一种过时的，甚至反动的教学法。似乎将“讲授法”驱除出课堂，就是教学改革的共同目标。殊不知，无论是过去还是现在，无论是国外还是国内，无论是中小学还是大学，“讲授法”都是经典的、有效的教学法之一。低水平的讲授是灌输，高水平的讲授同样是启发式教学。我们要反对的是低水平的讲授而不是讲授法本身。不难发现，课讲得不好，依然有机会成为好老师，但课讲得好，更容易成为好老师。如今大学生对大学教师的不满意是多方面的，但最不满意的正是大学老师不会讲课。

我“向往讲台”其实，就是希望自己能够成为一个优秀的教书匠。在大学，“教书匠”也差不多成了一个贬义词，成了没有学问的代名词。有些自认为科研做得好的老师，讥讽那些会讲课但科研一般的老师，就会说“不过是个教书匠嘛?”可是，大国尚且需要“工匠”，大学难道就不需要“教书匠”? 在大学里做科学家和学者固然荣耀，做“教书匠”肯定也不是耻辱，何况做一个优秀的教书匠也并非易事。诚如杜和戎所言：“有人给我们这些教书的，送了一个雅号，叫作‘教书匠’。意思是说，教书的人总是讲那老一套，毫无创造性，就像‘鞋匠’做鞋，‘泥瓦匠’盖房子一样。其实做鞋真要做好了，是需要创造性的，它是一门艺术。盖房子真要盖好了，也是需要创造性的，它也是一门艺术。教书的人真要把书教好，也是需要创造性的，它也是一门艺术。天下任何一项工作，真要做好它，都需要创造性，都是一门艺术。”（杜和戎：《讲授学·序言》，华语教学出版社 2007 年，第Ⅶ页）

如今国家号召我们做“大先生”，可是“大先生”并不是凭空产生的。“大先生”首先就是“教书匠”，是在“教书匠”中脱颖而出的，是从“教书匠”的基础上成长起来的，一个未曾做过“教书匠”的教师，一个连“教书匠”都做不好的教师，是很难成为“大先生”的。

二、站稳讲台

硕士毕业留校任教之际，硕士生导师张铁夫先生送了我一句职业祝福：“小宋，首先要站稳讲台！”“站稳讲台”从此成了我的信念和梦想。如果说“向往讲台”代表了职业态度，那么“站稳讲台”则体现了职业水平。如果我的讲课能够实现思想性与艺术性的统一、架天线与接地气的统一、有意义与有意思的统一、知识传授与精神传递的统一，那自然就能“站稳讲台”。为了“站稳讲台”，我不懈地努力着。

一是不断增强学术底蕴。在大学里讲课，技巧和能力固然很重要，但最终比拼的还是学术底蕴。为此，我要求自己“上一门课至少写一本书”，因为讲自己写的东西，也更加自信和从容。像上“比较文学”，我写了《作为方法的比较文学》等三本书，还发了几十篇论文；上“外国文学”，我写了《故事中的人生：西方文学中的生命哲学》等三本书，也发了几十篇论文。当然，由于写作主要是为了上课，所以我比较注重研究对象和教学对象的统一，即教什么就研究什么。可以说，写作就是我的备课方式。但我的写作水平和发表数量最多算省级水平，那些真正的国家级名师，差不多都是著作等身的，我虽不能至，但心向往之。我很清楚，我的写作对中国的学术事业是没有价值的，但对于我的讲课是非常有意义的。

二是不断提升演讲水平。很多有真才实学的人之所以不会讲课，主要就是缺乏当教师的其他素养，尤其是缺乏演讲能力。可以说，教师是最需要演讲能力的职业之一。苏霍姆林斯基说得好：“教师口中的语言是一个强有力的工具，就像演奏家手中的乐器，画家手中的颜料，雕塑家手中的刻刀和大理石一样。没有乐器就没有音乐，没有颜料和画笔就没有绘画，没有大理石和刻刀就没有雕塑，同样，没有活生生的、深入人心的动人语言就没有学校，没有教育。”(苏霍姆林斯基：《谈语言的教育作用》，何书林译，《苏霍姆林斯基文集》第5卷，教育科学出版社2001年，第222页）张楚廷也说得直白：“教师须要有思想家的深刻、文学家的文采、相声演员般的口才，这也许是理想化的想法，却是应当去追求的目标，却是教师的使命。”（张楚廷：《教学范畴一百讲》，《张楚廷教育文集》第2卷，湖南教育出版社2007年，第68页）我有演讲方面的天赋，但这还远远不够。所以入职以来，我还通过各种途径来进一步提升演讲水平，如借助朗诵改善语言的节奏感，借助演讲改善肢体和表情。我还暗暗观察卖菜刀的人如何卖菜刀、卖消防器材的人如何卖消防器材，其实就是放低身段，向民间高手学习口语表达的艺术，让讲课更加具有生活气息。

三是自觉研究讲课的技巧。对讲课而言，技巧不是万能的，但没有技巧也是万万不能的。比如“脱稿”就是很朴素，也是很重要的一种讲课技巧。不少大学老师讲课照着PPT念，传播效果就很差。所以，我提出“对讲课而言，脱稿不是最高的要求，而是最低的要求。”如何能全程“脱稿”？也是需要技巧的。一是用口语写讲稿，二是找一间无人的教室反复演练几十遍。讲课的技巧还包括“有悬念”“有例子”“有故事”“有插话”“有幽默感”等。我将常见的讲课技巧总结出来，然后有意识地融入自己的讲课，这自然大大提升了讲课水平。2009年，我荣获湘潭大学青年教师课堂教学竞赛一等奖，这给了我很重要的心理暗示：我是有讲课天赋的；我研究如何讲课是有作用的；我将来是有机会成为名嘴的。2014年，我主讲的线上课程“故事中的人生——西方古典文学选讲”获评中国大学视频公开课，我对讲课技巧的长期研究自然在其中发挥了重要作用。后来，我为新入职的教师专门开设了一门课，叫《高校教师教育教学技能》，主要就是传授讲课的技巧。

三、超越讲台

“站稳讲台”之后，我还从三个方面去“超越讲台”。

首先是从“讲课”走向“教学”。“讲课”肯定是“教学”，但“教学”却不仅仅是“讲课”。苏霍姆林斯基提醒我们：“教师在课堂上跟孩子们的交往，只是教育工作的一部分。孩子的教养，精神上的发展，道德面貌的形成，所有这一切在很大程度上都有赖于在课余时间内进行的、不列入课表的工作。”（苏霍姆林斯基：《帕夫雷什中学》，赵玮等译，《苏霍姆林斯基文集》第4卷，教育科学出版社2001年，第40—41页）也就是说，教师在讲台之上要讲好课，在讲台之下，同样要履行诸多的职责。如果说，“教书”发生在课堂之上，那么“育人”主要发生在课堂之外。我的同事夏赞君老师是公认的好老师，就是因为班主任当得好。所以我认为，课讲得好的老师是好老师，对学生好的老师也是好老师，当然，课讲得好的同时还对学生好是更好的老师。

其次是从“体验”走向“经验”。“体验”代表着“经历”，“经历”越丰富，“体验”可能越丰富。“经历”则是“经验”的基础，没有“经历”肯定没有“经验”，但是，有了“经历”也未必有“经验”。那些有价值的“经历”经过感悟、升华和提炼，才可能成为“经验”。从“体验”走向“经验”，便是教学研究了。我教学研究最大的特点，便是从“体验”出发，再渐渐上升为“经验”。比如我上“外国文学”，就写了《高校文科教学十大关键词——以〈西方文学史〉的教学为例》（《现代大学教育》2009 年第 2 期）；我获评中国大学视频公开课“故事中的人生——西方古典文学选讲”，就写了《西方文学欣赏课教学心得——申报“中国大学视频公开课”背后的故事》（《郑州师范教育》2014 年第 3 期）；我当了十几年班主任后，就写了《当班主任的四个创意》（收入《大学的痛与梦》，湖南人民出版社 2014 年）我给同行们做报告，题目通常是“名嘴是如何炼成的？”“讲课方法的选择与讲课能力的提升”“写论文不是大学教师的唯一标志——谈大学教师的综合素养”“从会上课的老师到教学专家——我的经历与经验”，都算是“经验”的总结和推广了。

“体验”只能源于自身，“经验”既可以源于“自身”，也可以源于“他人”。我在总结自身教学经验的同时，也不忘总结他人的教学经验。我撰写了《“最重要的是上课的感觉”——童庆炳先生课堂教学思想述论》（《内蒙古师范大学学报·教学科学版》2021 年第 1 期）、《大学名嘴“七个最”》（《现代大学教育》2016 年第 3 期）、《老北大名师们的教书育人——以〈负暄琐话〉和〈负暄续话〉为考察中心》（《现代大学教育》2014 年第 2 期）、《如何成为“魅力四射”的大学老师？——“三喜牌教授”吴广平访谈录》（《当代教育论坛》2013 年第 4 期）。我的专著《大学教学名师研究》（湘潭大学出版社 2015 年）、论文集《教育的弦外之音》（安徽教育出版社 2021 年）、以及随笔集《用整个的心做大学老师》（湘潭大学出版社 2016 年）、《大学的痛与梦》（湖南人民出版社 2014 年）、《教学是一种信仰》（湖南地图出版社 2023 年）等，整体上也属于经验总结性的著作。这些年，为了更好地指导研究生，我又开始探寻研究生培养方面的经验，在《学位与研究生教育》上发表了《“师生关系十分融洽”——西南联大导生融洽相处的表现、实质和现实意义》《好导师的三种风格》《研究生导师要做的十件事——以张铁夫先生的研究生培养方式为例》《非名牌大学如何培养出名牌博士？——周益春教授的博士生培养之道》等文章。写这些文章之前，我对如何指导研究生是一头雾水。写这些文章之后，我对怎样指导研究生则胸有成竹了。

我撰写的经验总结类教学文章，因为写法比较“野路子”，所以很难在专业的教育学期刊上发表，但可读性较强，对我自己以及同行具体的教学实践有“看得见摸得着”的参考作用，所以也赢得了不少读者的青睐。应该说，有丰富、真切“体验”的大学老师不少，但愿意也能够将“体验”提升为“经验”的却不多见，愿意也能够将“经验”借助文字或演讲与同行进行交流切磋的更是屈指可数，而我在这方面的确做了一些力所能及的工作。既研究“教什么”又研究“如何教”，既研究专业，也研究教学，我自觉这是一个大学老师应该做的，但不知何故，常被人认为是“不务正业”。

最后是从“经验”走向“理论”。我虽然涉猎了一些教育教学理论（至少阅读了 500 余部教育教学类著作），但是，作为一线教师，我更多关注“微观”的教学问题，比如一堂课如何上好，一个学生如何带好。所以，我的教学写作也是感性有余而理论不足。但是，我毕竟还有一个身份：受过严格训练的文学研究者。也就是说，我虽然不研究教育教学理论，也没有受过教育教学理论的操练，但长期的文学理论训练还是让我具备一定的理论冲动和理论思维。我主持了两项教育学国家社科基金，也算是我的理论研究获得了教育学同行的认可。我的著作《如何走上大学讲台——青年教师提高讲课能力的途径与方法研究》（湘潭大学出版社 2013 年）、《站稳讲台——大学讲授学》（浙江大学出版社 2021 年）、《大学故事与大学精神的建构与传播——以西南联大为中心》（安徽教育出版社 2024 年），已具有理论探寻的尝试。尤其是《站稳讲台——大学讲授学》，对于“讲授”这一经典的教学技艺，从“为何要重视讲授”“什么是好的讲授”“讲授的语言基础”“讲授的基本方法”等方面，做了比较自觉的理论建构，具有一定的开创性。

如果要用一句话总结我的职业规划和职业追求，那应该是：我不奢望在学术界扬名立万，但希望在教育界留下自己的印迹！其实，我一开始只是希望在湘潭大学的讲台上留下自己的印迹。但由于这些年渐渐在校内外、省内外博得一些虚名，比如作为一位没有任何行政权力和学术权力的普通老师，我已经应 80 余所中学、80 余所大学以及社会各界邀请，做了 500 多场报告，受众达 10 万余人，这让我变得有些骄傲了。骄傲并不是狂妄，所以做陈平原、钱理群那样的教育大家，并不会成为我的职业目标。我只是希望能够成为一位真正意义上的教学专家。在人们争做学者和科学家的时候，这也算是“不走寻常路”了。

（作者系湘潭大学文学与新闻学院教授）

扎根保卫岗位，为学子保驾护航

陈　华

向下扎根，方能汲取滋养，助力向上成长。大学毕业后，我从湖南警察学院来到湘潭大学保卫处，一待就是二十年。内心深处的执着使我一直扎根在保卫岗位上，倾心为师生们服务。风雨二十载，我从小陈变成了老陈，在迎来送往间，见证了一批又一批学子在阳光下茁壮成长，欣慰之余，我也愈加感受到扎根于自身岗位的重要意义。

扎根如茂树，尽避雨遮风之责。绝不能让学生处于危险之中，这是我的坚守。

2019 年 5 月 12 日，保卫处收到碧泉书院·哲学与历史文化学院郑老师的求助，该院研三学生张某疑似陷入了传销组织。了解具体情况后，在学校领导的统一指挥下，我与郑老师受命前往贵阳展开营救工作。

然而，营救工作并不简单。传销窝点危险且隐秘，陷入者被深度洗脑，缺乏正确认知，这给我们的营救带来了三大难题：如何与张某会面？如何掌握张某动向？如何让张某醒悟并自愿离开？

为了确保营救工作万无一失，我们根据所掌握的信息，制定了营救计划：一是请黄同学（张某欲发展下线）向张某透露出自己想来贵阳发展的想法，获取见面机会；二是让张某的前男友来贵阳与我方会合，做好蹲点守候的准备；三是让张某家人联系传销组织所在辖区的派出所和工商局，争取政府职能部门支持。经过三天三夜不懈地周旋，情况终于出现转机，张某答应于 5 月 20 日下午 3 点到贵阳北站接黄同学，这终于让我们找到了营救的突破口。

营救当天，我们提前抵达贵阳北站进行部署。在警方的技术支持下，我们对张某的行踪进行实时监控，派出所干警与郑老师、张某家属分别在不同位置蹲守。同时，派出所所长与我带领黄同学在出站口与张某碰面。终于，在与张某多次周旋，营救行动一波三折的情况下，下午 4 点 05 分，张某和一名男子出现在出站口，此时，派出所所长和我以检查身份证为由，迅速上前将两人控制住，强行带到派出所。

家属听到消息后，立即赶来会面。然而张某却深受传销组织的蛊惑，拒绝返校继续学业，也不愿随亲人回家。在此情况下，我郑重地向张某讲述了传销活动的各种危害，并严正警告他，我方也将依法向当地公安机关报案，坚决铲除这一传销窝点，希望他不要再执迷不悟。经过深入的劝导，张某最终同意与前男友离开贵阳。至此，张某得以成功脱离传销组织。

经过此次事件，张某也感受到了老师和家人们的良苦用心，端正了自己的人生态度。毕业后，她将个人理想与国家发展相结合，全身心投入西藏支教工作中，开启了新的人生篇章。我深刻意识到，投身于岗，应当扎根如树，一刻都不可懈怠，否则无情的风雨又将摧折无数学子年轻而美好的前程。

扎根如夜塔，担执灯引路之任。人生如夜航，海上满是激流与暗礁，坚持做好安全教育，我义不容辞。

安全知识的课堂上，我常常将“思安居危，思则有备，有备无患”这句警示语挂在嘴边。在多年来的教学中，我发现安全教育有三大难点：一是安全教育涉及领域广泛，内容繁杂，需要根据不同生活情景强调防范重点，确保学生能够在不同情境下保持警惕；二是安全教育要想做到深入人心，需要不断更新案例和教学手段，引导学生深刻地认识到安全问题的严重性和紧迫性；三是大部分学生缺乏实际操作的经验，在面对突发状况时容易感到慌乱。因此，在课堂上，我通过实操演练消防逃生工具、防爆器械等设备，提高学生应对突发事件的能力。

2020年暑期刚开学不久，曾选修我《安全知识》课程的余同学找到我说：“陈老师，幸好我认真听你讲的课，不然我家差点遭殃了。”原来，余同学家在山西农村，其父母常靠家中的老旧电瓶车出行，平日里，电瓶车就停放在堆满杂物的草棚外充电，而余同学暑期回家后，回忆起我上课时播放的电瓶车引发火灾的视频，便向父母提出了忧虑：“这老电瓶车用了七八年了，放在杂屋容易起火，还是换个铅酸电池的新车吧。”虽然余父觉得旧车还能用，但还是听了余同学的话，把车挪到空旷的地方充电。

可没想到，仅仅过了一个星期，院内的老电瓶车在烈日的暴晒下开始冒烟。余母在察觉到冒烟后，连忙向家人惊呼求救。看到电瓶车烟势越来越浓烈，余同学立马嘱咐母亲掐断电源，拨打火警电话，并跑到邻居家找到了车载灭火器，通过课上我所教授的方法，对老电瓶车进行了先期的处置。随后，消防员赶到，才彻底消除了隐患。

余同学的经历让我捏了一把冷汗，但也说明了，学习安全知识真的能在危急时刻发挥作用。这也给了我深耕学生安全教育的信心，通过持之以恒的安全教育，让更多学生掌握安全知识，既可以成为安全实践者保护自己，也成为安全宣传员保护身边人。

生活是无涯的海，迷雾重重又满布危险与诱惑，我们扎根于岗，就应如灯塔恪守于礁岸之上，行好指引之责，虽然可能不如太阳炽亮，但能让万千学子在这点光亮的指引之下，迎来黎明破晓，安全地行向光芒万丈。

扎根如苔花，且以暗香润人心。苔花也学牡丹开，给予每一位学子最诚挚的善意，这是我一直所秉行的。

2015年5月的一天，2011级机械制造专业郑同学面色忧伤地来到保卫处，声称自己疑似遭遇了诈骗，损失金额达1200余元。经过详细询问了解到，宿舍内有人上门推销，郑同学便将一个月的生活费悉数用于购买其所兜售的笔芯、洗发水等日常用品，他原打算以低价购入，再转手卖出，赚取差价。然而，在转售过程中，他发现这些商品存在严重的质量问题，而且数量也与推销员所述不符。当他试图联系推销员进行退货时，对方电话却始终无法接通。

“怎么办啊，这可是一个月的生活费”。面对这突如其来的变故，郑同学坦言，自己即将毕业，经济压力很大，而其自身的家庭条件并不优越，难以为其提供额外的生活费。说到此时，郑同学非常绝望，我连忙给其倒茶并开导道：“本身想赚钱给家庭减轻负担是对的，但这种贪小便宜的急切心理反被推销人员利用，所以才被诈骗了”。在指出错误的同时，我也拿出了500元，让他作为离校前一个月的生活费。尽管郑同学百般推脱，在我的坚持下，他最终还是收下了这笔钱。他非常感动地说：“这次上当被骗后，我再也不会贪图小便宜了，以后一定老老实实做事，勤勤恳恳做人”。

多年后，郑同学成长为一家上市公司的行政主管，他也始终记得当年我在他困难时期给予的关心和教诲，每逢节假日，他都会向我发来祝福信息，这也让我深刻体会到了作为一名高校教育工作者所肩负的责任与担当。扎根当如苔花，默默而有“闻”，让同学们嗅到花香，感受到生活的美好，心中温暖，前路便满是希望。

在深入贯彻落实习近平总书记对湘潭大学的重要指示批示精神，弘扬“牢记嘱托、艰苦创业、追求卓越”的湘大精神，加速推进“双一流”建设的过程中，我们保卫人也有自己的职责和使命所在。多年来，我始终在探寻一个问题：一名优秀的保卫人员在学生成长历程中所扮演的角色和意义究竟是什么？现在，我有了更明晰的领悟：应当扎根如茂树，为师生们避雨遮风，保障他们的安全；扎根如灯塔，修正学生不良习惯，规范学生违纪行为，避免学生误入歧途，引导他们秉持正直的品格；也当扎根如苔花，默默而有“闻”，给予他们善意与温暖。这或许也正是我扎根湘大、矢志不渝的源泉与动力。于我而言，保卫工作是承载希望的泥土，亦如滋养树苗的溪流，在这片土地上，我倾注了二十年的辛勤耕耘，与湘大学子共同在阳光下成长，这无疑是我最为珍贵的记忆。当然，任重而道远，我也将继续扎根在湘大保卫的岗位上，以饱满的热情和坚定的信念，迎接下一个二十年！

（作者系湘潭大学保卫处副处长）

以法为翼　奔赴星辰大海

——湘潭大学服务法治航天建设 20 年

王成奇　钟业天

湘潭大学西山山麓，西湖南岸，深红色外墙的永雄楼环绕在一片波光和绿意簇拥中，气势雄劲而又沉静肃穆。

由蔡高强教授领衔的空间法研究团队在这里默默耕耘，他们始终心怀航天梦，聚焦法治航天建设，服务国家航天强国战略。自 2005 年介入空间法研究和教学，冬去春来，转眼快 20 个年头。

参与《中华人民共和国航天法》立法讨论、《中华人民共和国卫星导航条例》制定，推动中国特色的航天损害赔偿责任单行立法，航天员权利保护体系研究等有关成果被用于中国航天员的培养、训练与康复，中国空间站国际合作知识产权法律保护引起实务部门高度关注……航天软实力的核心，在于航天法律体系的构建。每一次团队重要研究成果的推出，都能引起广泛关注。

空间法研究是一个传统且小众的领域，坚守"冷门"近 20 年，要毅力，更要情怀。蔡高强经常教导学生："我们的专业不热，但是我们做研究的心是

热的。只要国家需要，哪怕是几乎无人问津的领域，我们也要去做!"

传统研究融入国家战略需求　服务"国之大者"出新招

4月15日清晨，蔡高强早早来到永雄楼4楼办公室，继续修改一周后将在第六届中国航天大会上发言的内容。

此时窗外春光正盛，绿意摇曳。

为了提供一份高质量的主题报告，蔡高强已连续撰写了七八天，每晚忙到夜深，但他觉得还需要精心打磨。

中国航天大会是极具影响力的综合性行业盛会，航天大会上一些极具前瞻性、原创性、重大性、开拓性的成果，通常会被直接采纳吸收，转变为实际执行的政策和法规。从2018年应邀参加首届大会，到如今迈入第6个年头，蔡高强从未缺席，他经常担当多重关键角色，既是主持人、主讲人，还是评议人。

前几次参会，蔡高强主要关注载人航天、外空资源开发、中国北斗导航、中国空间站相关的法律问题，今年他根据中国航天发展的新动向，又有了新的考量。

"中国空间站转入常态化运营模式，要着手接纳外国航天员入驻，我聚焦的是'中国空间站航天员权益保护'法律问题。"蔡高强说。

载人航天、空间站的研究，非一朝一夕之功。

载人航天任务中，复杂地环境会给航天员带来多重风险。世纪之初，中国选拔和培养自己的航天员，蔡高强意识到航天员群体权利保护的重要性。2003年起他多次建议加强中国航天员健康权保护，2010年中国选拔培训第二批航天员，他又着手系统研究航天员权利保护，有关成果最终服务于中国航天员培养、训练与康复。

进入新时代，中国空间站应用与发展跨入新阶段。中国空间站运营、发展等理论与实践问题摆在团队面前，《中国空间法发展的理论与实践专题研究》等具有首创性、开拓性的成果被第一时间推出，中国空间站航天员营救制度、航天员行为规范等务实性研究成果，再次被学界和实务部门关注。

今年4月12日，由载人航天工程法律事务中心主办、湘潭大学承办的中国空间站运营与航天员安全法律问题研讨会在湘潭大学召开。蔡高强提出，在商业航天和航天国际合作快速发展的背景下，中国要根据中国空间站与国际空间站的差异，适当修改完善交叉豁免责任制度，建立起多模式交叉豁免责任机制及与之相配的多元化救济途径，促进中国空间站的国际合作。这份报告"又被直接拿走"。

作为国内最早研究中国空间站法律制度的知名学者之一、"首届全国十佳国际空间法学工作者"获得者，蔡高强始终关注国家战略需求和领域前沿动态，为推动国家法治航天建设想高招、出新招。在蔡高强的带领下，形成了以蔡高强、覃斌武、刘功奇为主体的稳定研究团队，主持国家社科基金项目"基于太空竞争的航天贸易管控及法律规范研究""全球卫星导航国家标准立法趋势及中国话语权研究"等各类科研项目20多项，出版了《中国空间法发展的理论与实践专题研究》《"一带一路"背景下中非航天贸易的法律机制研究》等具有首创性的著作10部，获得首届全国空间法律政策研究先进集体等奖励和荣誉100多项。如今，凝结了蔡高强10多年研究心血的《中国空间站法律制度研究》即将出版，这是国内该领域的首部专题著作。

蔡高强欣喜地看到，因为坚持服务"国之大者"，随着国家航天强国战略稳步推进，团队成果越来越获得认可，越来越多的师生乐意从事这一领域的研究。

"商业航天是未来发展的大趋势，我们可以集合国际贸易、知识产权、非洲法等方面的专家，通过构建相配套的法律体系，为国家航天事业发展提供强有力的保障，加快建设航天强国。"展望未来，蔡高强充满期待。

他们携手打开的，将是更加璀璨、更加浩瀚的星辰大海。

空间法与特色领域双向贯通　开辟航天法治新赛道

"你看，4.5科技合作与知识共享这部分，从4.5.5到4.5.10共6条内容，都与我当初提交的对策建议很相关。"4月14日，刘功奇副教授打开外交部网站，紧紧盯着屏幕仔细阅读"中非合作论坛—达喀尔行动计划（2022—2024）"。看到对策建议推动相关政策落地产生了明显效应，即便时隔一年多，刘功奇仍难掩喜悦。

2018年刘功奇获得博士学位，他的博士论文是《"一带一路"背景下航天贸易的法律机制研究》，在研究中他综合航天法、非洲法等学科知识，以独特研究视角关注中非航天贸易，由此形成了一系列智库报告，尝到了"航天法+

法学科特色方向”研究的甜头。

2021年10月25日刘功奇提交了一份关于中非航天合作机遇与挑战的咨政报告，隔天被中国航天科技集团公司采用并向上报送。不久，一件大事发生——当地时间2021年11月29日至30日，中非合作论坛第八届部长级会议在塞内加尔首都达喀尔举行，会议于30日通过《中非合作论坛—达喀尔行动计划（2022—2024）》。刘功奇提出的强化中非航天应用合作交流机制，开展对非航天科技基础能力建设、灾害管理、生物多样性保护等内容，均有明确对应。

“空间法研究是一个比较传统的研究领域，只有与特色领域结合，研究成果才有非常强的时代性、应用性，才能够对接国家需要和经济社会发展需要。”刘功奇攻读硕士研究生时从事国际知识产权法研究，读博士研究生时以空间法为基础，在学院已有特色研究方向里面寻觅新天地。

作为湖南省最早开展法学本科教育（1983）、最早获得法学硕士（1993）和法学博士学位授权点（2003）的高校，湘潭大学形成了多元纠纷解决机制研究、监察法研究、知识产权研究、非洲法研究、信用法研究等特色领域。刘功奇认为非洲法是值得结合的方向。

非洲法研究，湘潭大学独树一帜。改革开放之后，湘潭大学在国内第一个成立了研究非洲问题的学术机构，出版我国第一本非洲法专著《非洲法导论》，入选“中非高校20＋20合作计划”，被中国法学会指定为“中国－非洲法律培训基地”和“中非法学院院长论坛”永久承办单位。

“湘大非洲法研究在《中非合作论坛—达喀尔行动计划（2022－2024）》中就占了很多有分量的内容。”刘功奇逐一找出相关条文，里面明确提出将继续实施“中非高校20＋20合作计划”，支持举办“中非法学院院长论坛”，鼓励并协助中非高校共建中国—非洲法律研究中心和法律人才培训基地。

面对非洲法研究这样日新月异不断扩展的新领域，刘功奇发现，中非航天领域虽然已有一定科技接触，但是相应的法律制度保障、学术界的理论研究还没有向这个领域延伸。此外，从20世纪90年代末期的《考克斯报告》到2011年的“沃尔夫条款”，再到当前欧美所谓的“民主科技联盟”，西方已经建立起了一整套对华航天封锁的法律政策，对中国航天“走出去”参与国际竞争，形成了严重的阻碍。无论是从中非经贸合作转型升级，还是从应对美国对华航天封锁出发，必须扩大中非航天航空、船舶、互联网等高技术产品和服务的合作。

“非洲国家要在第四个空间发出自己的声音。”刘功奇灵光乍现，横向打通空间法和非洲法，为中非航天合作提供理论先导和法治保障，一个全新的广阔领域就此在他面前展现。

如今，一份综合运用“空间法＋非洲法＋知识产权保护”多学科视角的咨政报告正在酝酿。

“空间法与已有法学特色研究交叉，为我们生成了新的研究增长点。在服务国家航天强国战略上，我们研究成果的针对性、实践性、对策性更强了。”蔡高强说。“空间法＋法学科特色方向”的研究模式、成果产出方式，给团队带来了源源不断的学术生命力。

近年来，团队特别注意引导成员、学生以空间法为基础，结合国家重大战略布局、经济社会发展需求和自身兴趣爱好，向其他法学特色研究领域延伸。团队关于深化中非航天合作、落实对非合作“数字创新工程”，外层空间网络安全治理的法律制度研究等一系列对策性研究成果，被上级部门大量采纳。

学科聚合形成的矩阵效应，进一步开辟了团队空间法、航天法研究的新赛道，让这支老中青搭配的队伍在服务国家法治航天建设的道路上走得更远、走得更实。

法治与科技强强联手　逐梦九天锚定新方向

“做这个项目，大家都有些什么收获？”4 月 13 日下午，2020 级法学卓越班刘绪和团队成员正向指导老师蔡高强汇报“挑战杯”项目的情况。每次带领学生参加完一个项目，汇报总结必不可少，蔡高强习惯先向学生发问。

从 2022 年年底起，刘绪团队围绕《“无标准不北斗”：以标准国际化助推北斗全球应用的法律思考》项目，历时 5 个月，产出了一份 4 万余字的调研报告。

“对北斗应用领域前沿动态有了更多了解，对中国在卫星导航领域发展状况、未来面临的困境等有了更深的认识。”

“技术标准实际是一种法律体系。用法治思维建立一套技术标准，有助于中国技术走向国际。”

“技术标准制定和技术应用场景结合起来考虑，为我们未来学习、工作都提供了一个新的视角。”

……

汇报总结，学生感触最深的是“航天法治＋航天科技”的碰撞，让大家得到了多方面的突破与成长。学科交叉产生的魅力独特而又迷人。

选题时，蔡高强十分肯定学生的思路。他认为，国际上存在着四大卫星导航系统，若想使北斗卫星导航系统得到全世界的广泛认可，就要积极参与国际标准化活动，通过构建中国在技术领域的制度性权力打破技术壁垒，提高我国在全球卫星导航系统国际标准领域的话语权。

随着前期准备不断深入，刘绪团队发现，怎样去准确认识、掌握北斗技术应用领域、现状及遇到的困境，成了无法越过的拦路虎。幸运的是，在查找北斗标准的相关资料时，刘绪和团队成员突然发现，本校自动化与电子信息学院陈洋卓老师主要从事北斗高精度定位技术研究。

进入殿堂的“金钥匙”近在咫尺，“航天法治”与“航天科技”奇妙地走到了一块。

“蔡老师非常鼓励我们将航天法研究与科技发展相结合、与国家战略需求相结合，我们马上邀请陈老师作为项目第二导师。”刘绪说。

“北斗里面专利很多，他们作为本科生，能够想到这个问题，进行整体建构，让人耳目一新，非常难得。”陈洋卓立即答应。

双导师的确立如同如虎添翼。一位研究法治、一位深耕科技，跨学科优势互补碰撞出了思维的火花。团队敲定了“以标准国际化助推北斗全球应用的法律思考”，这一几乎无人研究的“新”主题。

“新”，意味着没有太多前人的经验可供借鉴。这为项目研究带来了难度，但在团队成员们看来，这正是课题价值所在。5个多月的时间里，两位导师一路相伴，提供了很多方向性的指导。经过不断修改、打磨，项目报告达到了预期效果。

“北斗标准要走出国门、北斗系统要服务全球，必然面临着很多挑战，我们要通过这个项目，让更多的人关注到北斗标准国际化的法律保障，意识到‘法治北斗’对于打造‘世界北斗’的重要意义。”刘绪说。

在团队内部，蔡高强主导重大项目、重大理论、重大方向，刘功奇负责航天合作、成果转化应用，覃斌武侧重学生培养和学科竞赛。近年来，在人才培养上，团队瞄准航天科技前沿，结合最新技术应用场景，为学生参与学科竞赛、撰写研究成果找创意，指导学生参加了十多届国际空间法模拟法庭竞赛，荣获亚太地区一等奖、全国团体亚军、最佳诉状奖，摘得中国航天大会优秀论文一等奖、中国空间法学会学术课题研究优秀成果一等奖，培养了 30 多位国际空间法的博士研究生和硕士研究生。

目前，湘潭大学围绕国家航天强国战略，已在航空动力、航空发动机热障涂层、天体物理、空间站飞天舱外服、核心舱卫生区子系统、航天医学实验机柜等方面推出了一系列成果。蔡高强期待能与航天科技领域开展更多前瞻性合作。

“将法治与科技相结合，一是能在立法过程中提供专业技术参考，提升法律的针对性、科学性。二是有了相关的法律标准，技术方也更能在国际竞争中掌握主动权和话语权。”蔡高强说，他期望通过建立校内外多部门协作机制推进学科交叉，培养出更多跨学科的复合型人才，推出更多高层次科研成果，共同助力国家航天强国战略。

学院非常支持团队的设想，正准备与航天企事业单位建立战略合作联盟，搭建法治与科技交流互动的广阔舞台。

“在国际法和航天领域，‘航天科技与航天法治’等协作机制的建立更显重要。面对技术壁垒、贸易壁垒，我们必须用法治的武器守护好我们延续至今的航天梦，共圆世界人民的航天梦。”抬头远望，蔡高强眼中星光闪烁。

（作者分别系湘潭大学党委宣传部老师、湘潭大学学生记者）

湘潭大学“再生铅科技创新团队”：15年持续攀登，让废铅蓄电池变废为宝

王成奇

在储能电池领域，铅蓄电池耐热耐冷、安全性好，资源可全循环，在汽车启动、矿山和军事装备等领域应用广泛，且无法被取代。因此，废铅蓄电池回收、处理、利用的行业技术和设备，成了重要的技术攻关项目。

曾经，铅蓄电池资源回收行业长期采用“人工拆解—高温熔炼”的工艺技术，致使行业发展一度陷入污染重、资源回收率低的困境，而面对我国上百个品牌、上千种规格、型号大小各异的废旧铅酸电池，国外研发的技术装备到了国内，常常“水土不服”。如今，通过湘潭大学“再生铅科技创新团队”的持续奋斗，制约产业发展的难题得到了颠覆性变革，行业发展面貌焕然一新。

从2008年起，湘潭大学“再生铅科技创新团队”通过与湖南江冶机电科技股份有限公司深度产学研合作，用15年的时间，开发出4代技术，让中国废铅蓄电池资源回收行业，彻底摒弃过去熔炼环节，做到全过程无废水、废气排放，逐步实现了绿色智能化。目前，国内铅蓄电池回收行业或者再生铅行业

当中，该技术装备应用占比达到了90%，在世界废铅蓄电池资源回收行业中，超过六成的变废为宝装备都刻上了该团队的印记。

“把人解放出来”

在郴州市资五工业园的湖南恒晟环保科技有限公司生产车间，回收间堆满了大小、规格不一的汽车启动电瓶、矿山电池和电动车电瓶等废旧储能电池，它们都是企业的生产原料。上料抓斗每次抓取10吨，投入料斗把这些废电池“吃”进去，经过智能破碎精细分选等技术，把塑料、铅泥、铅栅等分类“吐”出来，1个多小时就能拆解50多吨废电池。而在此之前，废铅蓄电池只能通过人工手工拆解，每人每天最快也只拆解一吨左右。

2019年企业引进了湖南江冶机电科技股份有限公司制造的“废铅蓄电池资源清洁低碳循环技术与装备”第二代清洁装备中的智能精细破碎分选线。四年来，这套系统一直运行良好，仅需要4个工人在中控室查看设备运行情况。

小小的一条生产线蕴藏了巨大效益。“现在我们湖南省年产废铅酸蓄电池的量是50万吨，咱们这条线的年处理量是9万吨，相当于占了湖南省五分之一的处理量。”湖南恒晟环保科技有限公司技术总监刘红广说：“铅酸蓄电池经过拆解以后，里面的铅栅、铅膏包括塑料、硫酸等所有废物都能够达到100%的综合利用。”

产业和行业的重塑性变革，离不开“再生铅科技创新团队”持续15年的攀登。

2006年，团队负责人张俊丰博士毕业后在湘潭大学任教，为寻找环境和资源领域国家和社会的迫切需要，他走访调研了近20个行业的100多家企业，希望找准未来30年的科研方向。在调研中他发现铅蓄电池资源回收行业长期采用“人工拆解—高温熔炼”的工艺技术，致使行业发展一度陷入污染重、资源回收率低的困境。而且从事废旧电池拆解的工人，因长时间接触含铅物质，铅元素摄入超标，严重危害身体健康。经过慎重思考，张俊丰把研究方向瞄准了电池资源回收处理。

“国内电池回收处理行业做的人不多，前景广阔，我想去闯一闯。”张俊丰找到了同窗好友曹靖、黄妍，“刚毕业大家都在找未来的研究方向，‘把人解放出来，统筹处理铅资源的全回收和铅污染防治’，大家发现这个社会问题亟须解决，我们也有能力去做”。

符合国家所需，契合行业发展，说干就干，伙伴们一拍即合。

“把人解放出来”，决心不小，面对困难也很大。当时许多企业想做铅蓄电池回收，但领域内可借鉴的成功案例少。从起步就必须靠自己摸索，这一摸索起来时间可就长了。从 2006 年到 2012 年，6 年间他们一直在试错中勉力前行。

惊喜，在坚守中不期而遇。2012 年团队研发的技术装备实现了“机械化破碎分选—废铅膏规范高温熔炼”，当年第一条生产线在广东清远建成，不久第一代“机械化破碎分选—废铅膏规范高温熔炼”技术陆续被引进到全国更多同类工厂。

团队并未因此停止脚步，而是遵循生态文明建设指引，持续攻关再生铅“清洁”技术设备。2018 年，他们获得重大突破，通过技术更新将熔点从 1300 摄氏度降至 900 摄氏度。第二代的“自动破碎分选—铅膏预脱硫—低温熔炼”技术装备系统，使铅尘无法生成，从源头上断绝了排放的风险，“血铅危害”大为减少，在多个技术上跃居世界领先，并出口多国。截至目前，第二代技术装备出口后年处理废铅蓄电池 200 多万吨，加上每年处理国内废铅蓄电池的数量，已在世界上该行业占比超过 60%。2021 年第三代设备推出，进一步推进了再生铅行业“绿色、低碳、高效益”进程，再次刷新该领域世界领先技术水准。

目前，团队完成了第四代技术储备。这套自主研发的世界领先工艺，也成功入选《国家工业资源综合利用先进适用工艺技术设备目录（2023 年版）》关键技术。

“仍然不够好”

在湘潭大学环境与资源学院大厅内，“废铅蓄电池资源清洁低碳循环技术与装备”模型摆在醒目的位置供来访者观看。旁边“再生铅科技创新团队”研制的废铅蓄电池资源循环产业技术进化路线图，清晰地展示了团队攻关的漫长征程。

“从第一代技术到第三代技术，工艺流程从 6 环，缩减到了 4 环甚至只有 3 环。工艺的革新与流程的缩短，降低了碳排放的环节，从根本上化解了血铅风险，从而支撑了再生铅行业清洁生产水平的全面提高。”每有来访，讲解员都会向客人作详细介绍。

“废铅蓄电池资源清洁低碳循环技术与装备”包括废铅蓄电池破碎分选系统、废铅膏回收系统和智能控制系统。15 年里，该技术逐步实现了破碎分选环节“机械、自动、智能”三个突破性的科技进步，废铅膏也逐代实现“规范高温熔炼、低温熔炼、免熔炼”三次颠覆性发展。

从达标排放到清洁生产，从绿色制造到低碳经济，团队每一代技术都是对前一代技术的变革性升级。

彼时，第一代技术装备国内行业覆盖率曾高达 90%，国内行业年产值高达 1200 多亿元。是什么驱动团队不断推动技术迭代升级，不断自我超越？

“环境效益仍然不够好，”张俊丰说，“我们第一代技术虽然实现了机器替代人工，但是自动化程度低、环境负担仍然重，所以我们开发第二代。”

第二代与第一代比较，实现了自动化和清洁化，污染物的产排量从源头就降低 77%～99%，血铅污染几乎在整个行业从源头上就已经杜绝了。团队还将第二代再生铅技术与原矿采矿炼铅进行过比较，发现污染物产排量和能耗下降 90%以上。

迭代创新，让团队惊喜连连。团队核心成员曹靖通过实验对比发现，经过他们设备“重生”后回收铅制作出来的电池，性能不输原生铅矿甚至更高。“利用我们这个技术回收的氧化铅制造的电池性能，已经达到甚至超过了市面上同类产品的性能。”这一发现给了团队合力向下一代技术发起挑战的更大信心。

目前，第一代、第二代技术应用年产值近 250 亿美元，这两代技术成了全世界废铅蓄电池回收行业的主流先进技术设备。2020 年到 2022 年，日本企业一口气引进了 4 条 2.0 技术装备生产线。第三代技术装备则完全摒弃了熔炼环节，把再生铅回收由冶炼变成了化工，全过程无废水、废气排放，是典型的“绿色技术”，成果技术环保水平世界领先。

“国家的生态环境指引不断升级、环境技术进步没有止境，每一代技术都有自身的不足，我们必须主动前行。”经过 15 年的不懈研究中，团队研究成果不断刷新新高度。2015 年，废铅蓄电池资源清洁低碳循环技术与装备被中国有色金属工业协会评价为“国内首创，达到国内领先水平”；2020 年，铵法预脱硫工艺技术装备获评“全国首届再生资源行业十佳绿色技术”“国内首台（套）重大装备”；2021 年，废铅蓄电池资源清洁低碳循环技术与装备的“高强度材料锤头”“气液混流管式反应器强制脱硫技术”“微泡水动力分选元件”，入选《国家工业资源综合利用先进适用工艺技术设备目录（2023 年版）》关键技术。

随着废铅蓄电池资源清洁低碳循环技术与装备的大面积应用，再生铅行业已经是清洁或者绿色行业，能够环境友好地提供铅产品。相应的挖矿炼铅的原矿铅行业不断被压缩，截至 2021 年底我国原矿铅产量只有 190 万吨，而再生铅产量达到了 400 万吨。目前，铅蓄电池和废铅蓄电池的国际贸易往来更加频繁，再生铅的生长空间更加广阔，整个铅产业的格局和面貌正在朝向绿色方向发展。

创新引领发展，科技赢得未来——铅蓄电池资源回收行业的涅槃重生成了这句响亮口号的最好注解。废铅蓄电池清洁低碳循环技术与装备的研制成功，使行业的经济、环保水平达到了领先世界的水准。10 多年来，采用该技术的再生铅企业，大多被评为清洁生产或绿色企业。

再生铅变成绿色铅，“恶魔”变成“天使”。曾经高耗能、高污染的行业得到根本性重塑，人们不再谈铅色变。

“解决工程问题要有系统思维”

韶山市高新区江冶机电的生产车间内，一套年处理量达到 35 万吨的废铅蓄电池资源回收第二代清洁装备，即将运往内蒙古通辽市。湘潭大学“再生铅科技创新团队”的 3 位成员赶来，和技术人员一起对这个“大块头”进行检查，并与厂方沟通安装和使用材质的细节。

研发最终就是要产出，经过多年的深度产学研的融合，这支由当年的 3 个年轻人凭借着一腔热血组建的学术“小团队”，和湖南江冶机电科技股份有限公司一起，壮大成一个近 100 人的研发团队，实现了 30 多亿的销售额。不但彻底扭转了之前行业设备全部从国外进口的局面，产品还远销日本、澳大利亚、伊朗、泰国、阿塞拜疆等国，年处理废铅蓄电池达到 800 多万吨，间接撬动了国内外一个千亿级的环保产业。

设备好卖的关键在于好用，好用的秘诀在于团队入手之前系统谋划技术路线和社会效益。开展项目之初，每一条技术路线的可行性，团队预先在脑海中推演无数遍；每一次项目开发中遇到的技术难题，他们都会用长远的眼光审视以求最好的答案；每一个部件的研发，他们都要站在企业和行业的角度，换位思考投入和产出的效益。

“先要做好思想准备，有正确的人生观、方法论做指导，才能做好事情。”团队在一起分析问题时，张俊丰一再强调方法的重要性，“尤其是解决工程问题，得像医生诊断病一样，要有个章法，需要有个系统的思维，不能单刀直入式地干，更不能蛮干。”

团队发挥生态工业的思想，创新了关键技术，打破了废铅膏中氧化铅和硫酸共存的稳态，使它们快速发生中和反应，生成的硫酸铅更便于后续回收铅和硫资源，同时改变了既往额外添加纯碱或者烧碱中和硫酸的历史，不仅大幅度降低了生产成本，更从源头消除了硫酸钠废渣的产生。

在突破多个行业关键技术，使设备好用的同时，团队根据厂家提供的讯息，及时更新技术路线、设计理念，让设备好卖。

团队瞄准铅膏回收的副产物，做起了增加经济效益的大文章。经过技术革新，废铅膏回收形成了重要副产物硫酸铵。硫酸铵是很重要的农业肥料，市场价曾高达 3200 元/吨，而用作原料的碳酸氢铵才 500～600 元/吨。综合经济效益提升后，企业采用技术的积极性更高了。

团队创新了工业制造模式，采用模块化的工业设计路线，某一代产品的每个关键环节都可以模块化替代升级。“面对市场上的快速变化，一旦用户想进行技术升级革新，只需像拆积木一样，就可以快速换掉其中一个模块或部分，而且对整个维护维修都非常便利。”湖南江冶机电科技股份有限公司总经理范伟说。3 代技术之间关键部件通用度高，不仅提高了产品制造效率，减少浪费，而且对产业用户的适应性也更强。

为了顺应信息化的新时代工业环境要求，团队建设了信息化服务中心，世界各地运行的每套系统都接入了服务中心。在中国内陆城市湘潭，就可以为全世界的用户提供故障诊断等技术服务。

生产线还采用了工业互联网和工业机器人，使工厂管理效率、生产效能大幅度提升。通过智能控制系统，在后台操控工业机器人，只需包括管理、检修和销售等在内的 5 个人，就可以轻松管理一条生产线，极大地节省了人工成本。

模块化设计、积木化组装、信息化服务带来的优势，使技术装备风靡海内外。2020 年到 2022 年之间，日本引进了 4 套项目系统，用户参照图纸说明，在研发团队网络线上指导下，完成了全系统的安装调试。

近年来，在“再生铅科技创新团队”和行业的共同努力下，再生铅企业成了“绿色工厂、花园工厂”，属地大多集中“入园、入区”，与城毗邻，成了新时代干事创业、幸福安居的乐园。

“支撑产业清洁生产水平的全面提高，践行‘双碳’目标行动，推动生态文明发展，是我们不变的初心。”张俊丰说，身为环保人，有幸看到了中国废铅蓄电池行业的巨大变革，看到中国制造从无到有，从中国走向世界，就感到无比骄傲和自豪。

（作者系湘潭大学党委宣传部老师）

跋：扎根与湘大精神

何云波

50年前，湘潭大学复校。为了建设主席家乡的大学，600多位教师，从全国各地，陆续来到湘大，他们也就成了首批湘大人。

这些人从此在湘大扎下了根。尽管有的因为种种原因后来又离开了湘大，但更多的人，"献了青春献白发"，把整个的青春与生命都留给了这片热土。

"大木百寻，根积深也；沧海万仞，众流成也；渊智达洞，累学之功也。"海纳百川，有容乃大。湘大曾经是所移民大学，而当这些"移民"在这块黄土地上扎下根来，没几年，便有了一片葱茏的绿色。

后来，湘大人的队伍越来越大，"扎根"者越来越多，经年累月，根深叶茂，如今的湘大，已经满是郁郁苍苍了。

说到湘大精神，曾经有很多说法，后来概括为：牢记使命，艰苦创业，追求卓越。说到"使命"，自然与1958年湘潭大学创办时，毛泽东主席的殷殷嘱托有关：一定要把湘潭大学办好。当湘大走过了60年的历程，习近平总书记又在给湘潭大学的重要批示中，提出要扎根伟人故里，坚持立德树人，把学校办得更好、更有特色。

而"艰苦创业"，这是湘大的立校之本。当年荒山起家，劳动建校，湘大人既是育人者，又是筑路人、植树人，都以自己的辛勤付出，为校园建设增砖添瓦。一枝一叶总关情，就是在这样艰苦的条件下，不断奉献，追求卓越。

而这一系列湘大精神，其实都与"扎根"有关，或者说，扎根精神，乃是湘大精神之底蕴、之精髓。湘大人从各种不同角度阐发扎根精神，比如刘起军书记将扎根精神概括为忠诚、敬业、奉献和坚守。潘碧灵校长将"扎根红色沃土"与"赓续湘大精神"联系起来，谈教育使命，家国担当。曾担任湘大校长的李树丞以"扎根学校、扎根讲台、扎根学生"作为"扎根"之内核。季水河教授则将扎根精神总结为：不忘初心、牢记使命的坚持坚守精神；立足本土，执着本职的爱校敬业精神；热爱学生，忠诚教育的无私奉献精神。唐湘岳教授强调：扎根，不是逃避和躺平，意味着向上成长，既脚踏实地，又仰望星空，在平凡的岗位上追求卓越，在伟大的事业当中实现人生的价值。教师工作部部长杨澜强调“树牢师德师风第一标准，赋能教师发展”，大力弘扬教育家精神，激励广大教师淡泊名利，扎根三尺讲坛，潜心教书育人。年轻的一代湘大人，他们把“扎根”当作是一种信仰、一种磨炼。扎根在梦开始的地方，向下扎根，向阳而生，一直生长，永远向上，深情藏沃土，青春谱华章。

关心、支持湘大建设的校外领导、专家也为“扎根与湘大精神”建言献策。延安大学谭虎娃副校长以“松柳之喻”谈扎根精神，既要有柳树“插到哪里就在那里活起来”的生命力，又要学习松树“劲大得很，到冬天也不落叶子”的优点，做“大”做“强”。井冈山大学陈小林副校长直接提出“十个一”的举措，以推动扎根精神的传承和弘扬。湖南师范大学王泽应教授希望湘潭大学“根深厚重，行稳致远”，既立足伟人故土，立足湖湘本土文化，又面向世界，面向未来。

这种“扎根精神”，何尝不就是一种湘大精神。

对于湘大人而言，他们既做扎根精神的理论思考与阐发，很多人更是扎根精神的践行者。这里有“深深扎根于湘大”，充满自豪感、责任感、自尊感的沧南教授；有“献了青春献白发，诚心致力践初心”的曾子其先生；有以“站好讲台，做好科研，带好学生”为己任的马秋成教授；有在科研上攀登一个又一个高峰，实现“跟跑、并跑到领跑”的王先友教授；有一生扎根湘大、致力消费经济学研究的郑必清教授；有被学生称颂“教数学分析最好的”李寿佛老师……正是许许多多或杰出或平凡、或白发或青春的湘大人，正是他们的深耕、坚守、奋发、奉献，成就了今天湘大的繁盛与妖娆。

“湘大最美的风景是人”，他是我们永远怀念的前辈和大师，也是和你同甘共苦的同仁和学生。他们“扎根湘大热土，不负心中热爱”；他们以一颗“忠心、细心、恒心、虚心”，立育人之志，行师道之风，寻生命意义，弘教育精神。他们“脚踏莲田，逐梦九天”“静心如水，婉美似风”，生命如柳，守望如松；他们把教育当作信仰，“向往讲台、站稳讲台、超越讲台”“把讲台站成风景”。

“以身许校，以情育人”，当在相遇、守望中获得了一种快乐，一种自我价值感，繁花似锦，于是，扎根又成了“最长情的告白”，初心不变的承诺。快乐就不需要坚持，就像两个相爱的人，不小心就一辈子了。

《湘潭大学“扎根精神”思与行》以“扎根精神”为主题，由湘潭大学党委教师工作部组织策划，以湘大教职工为主体，包括校外一些领导、专家撰稿。内容包括四个部分：

一、探索篇：湘潭大学“扎根精神”理论与实践探索研讨会专辑；

二、演讲篇：“弘扬扎根精神，凝聚湘大力量”教职工演讲比赛专辑；

三、思辨篇：教育家精神“思享会”及学校重大活动发言专辑；

四、践行篇：湘潭大学“扎根精神”实践探索专辑。

这是继2021年出版的《青春筑梦人——湘潭大学“身边的好老师”征文作品选集》、2023年出版的《扎根湘大这些年》之后的第三本教育与思想文集。感谢所有作者的热心付出；感谢湘潭大学出版社一直以来的支持；感谢所有的湘大人，是你们的扎根与奉献，才有了今日湘大的美丽与荣光。

韶峰高，湘水长，人文胜地，科教殿堂，让我们共同努力，弘扬扎根精神，凝聚湘大力量，共创湘大更美好的明天！

（作者系湘潭大学文学与新闻学院教授）